현명한 사람은 왜

을 선택할까?

프롤로그

최학희

신탁, 블루오션을 넘어 신뢰의 자산으로

신탁은 블루오션이다. 수년간 외쳐 왔다. 인구 구조와 자산 구조가 급격히 바뀌고 있다. 1인 가구는 이미 가장 많은 가구 형태가 되었고, 치매 환자는 곧 100만 명을 넘어설 전망이다. 인지 저하는 더 이상 남의 이야기가 아니다. '누가, 어떻게 재산과 삶을 돌볼 것인가.' 이 질문이 더욱 절실해졌다. 베이비붐 세대가 축적한 자산이 다음 세대로 넘어가는 시점이다. 거대한 부의 흐름이 움직인다. 재산을 어떻게 지키고 나눌 것인가. 이제 개인의 문제가 아닌 사회적 과제다.

신탁은 재산의 자기결정권을 행사하는 도구다. 유산을 통한 부의 재분배에도 공헌할 여지가 크다. 블루오션이라 부르는 이유다. 그러나 현실은 그 가능성에 한참 못 미친다. 법과 제도는 미비하고, 이해관계자의 역할은 제한적이다. 시니어는 삶의 마무리와 후대의 유산을 하나로 바라

본다. 그런데 지금의 신탁 서비스는 여전히 '상품'으로만 접근한다. 왜 그럴까. 신탁이 제대로 작동하려면 법률, 금융, 복지, 기술, 문화, 의료가 함께 움직여야 한다. 그런데 각 분야는 저마다의 언어와 시각에 갇혀 있어 통합적 소통이 이루어지지 않는다.

27년간 시니어 비즈니스를 연구하며 비슷한 고민들을 들었다. 가족이 함께하지 못하는 상황, 자녀 간 갈등이 걱정되는 마음, 아플 때 누가 돌봐줄 것인가 하는 불안, 내가 일군 것을 의미 있게 남기고 싶은 바람. 단순히 재산을 넘기는 문제가 아니다. 삶의 마무리를 어떻게 설계할 것인가의 문제다. 신탁은 이 모든 고민에 답할 수 있다. 제대로 활용한다면 말이다.

이 책은 그 가능성을 열기 위해 출발했다. AI를 활용해 방대한 자료를 조사하고, 법률 · 금융 · 복지 · 기술 · 문화 · 의료 분야 전문가들과 인터뷰했다. 나아가 전문 작가와 함께 쉽게 풀어냈다. 서로 다른 언어를 하나로 엮는 작업은 쉽지 않았지만 AI와 사람의 협업 가능성을 체감했다.

이 책은 입문서다. 신탁아카데미의 기본서이기도 하다. 신탁의 미래 트렌드와 분야 간 협력, 신탁이 절실한 모든 이의 관점을 담았다. 깊이 있되 쉽게, 포괄적이되 맥을 잡고자 했다. 앞서 〈시니어 레거시〉에서 24가지 삶의 체크리스트를 제시했다. 신탁은 그중 한 부분이었다. 이번에는 한 걸음 더 나아간다.

향후의 신탁은 단순한 금융상품이 아니다. 선한 마음을 가진 전문가가 사람의 마음을 움직여 계약이 체결되는, 신뢰 자산의 총체적 결과다. 유산은 갈등의 씨앗이 아니라 더 나은 사회의 기반이 될 수 있다. 이 책이 그 첫걸음이 되기를 바란다.

김수연

내 인생을 새롭게 책임지는 방식

얼마 전에 반백 살이 됐다. 오십을 훌쩍 넘긴 것이다. 어릴 때 오십이라는 나이는 인생 다 산 나이처럼 여겨졌었다. 막상 이 나이가 되고 보니 오히려 준비된 게 하나도 없는 나이였다. '오십에도 좌충우돌해야 하는 인생이라니 이건 너무하잖아?' 하루에도 여러 번 혼자 삭이고 갸우뚱하면서 지낸다.

나보다 선배인 언니들은 아직 좋을 나이라고 한다. 물론 아직 건강하고 체력이 좋기에 그렇다고도 생각한다. 그런데 후배들이 봤을 때는 이제 제법 나이가 많은 사람이 됐다. 실제로 내 주변은 은퇴도 많이 했다. 하던 일이 잘되지 않아 전직을 고려하는 사람도 늘었다. 자영업을 하는 친구들은 장사가 되지 않는다고 매일 울상이다. 사실 이런 고민은 오십에만 하는 건 아니다. 결국 다들 자기 인생 책임지고 사느라 매일 열심이다.

어디 자기 인생만 책임지고 사나, 부양해야 할 가족도 있다. 여기서 건강이라도 잃으면 큰일이다. 요즘은 그런 말들을 한다. 자기 인생만 책임지고 살아도 잘 사는 인생이라고 말이다. 한몫의 인생을 제대로 살아낸다는 것도 인생이라는 큰 틀에서 대단한 미션이다. 그런데 슬슬 두려움이 엄습한다. '과연 나는 내 인생의 미션을 제대로 수행할 수 있을까?'

주변에 아픈 사람들이 슬슬 생긴다. 근데 희한하게도 거의 다 1인 가구다. 결혼을 했어도 이혼이나 사별을 했거나 원래 미혼인 친구도 있다. 내 또래가 이렇다면 그 위는 더하다. 나보다 나이 어린 친구들도 별반 다르진 않다. 인생은 참 외롭고 고독하고 쓸쓸한 것인지를 여실히 실감하고 산다.

2024년 가을은 내 주변의 1인 가구들이 아팠던 계절이다. 때마침 오래 알고 지내던 최학희 저자께서 '신탁'에 관한 책을 써보자고 제안을 주셨다. 나에겐 어려운 주제였지만 꼭 필요한 주제이기도 했다. 나도 언젠가 1인 가구가 될 수 있으니까 말이다. 그때부터 의기투합하여 신탁 전문가 7인을 인터뷰하기 시작했다. 식견이 높으신 분들을 인터뷰하니 세상이 더욱 달리 보였다. 세상에는 선하고 좋은 영향력을 가진 사람들이 많구나 싶었다. 신탁도 그러한 영향력을 가진 키워드임이 분명했다.

세상은 결코 혼자 살아갈 수 없다. 이만큼 살아보니 더욱 처절하게 느낀다. 살면서 구렁텅이에 빠질 수도 있고 거대한 산에 가로막힐 수도 있다. 그때 내 안의 에너지가 충만하여 능히 이겨낼 수 있다면 괜찮다. 하지만 그 에너지가 항상 유지되거나 더 좋아진다는 법은 없다. 건강을 잃을 수도 있고 돈을 잃을 수도 있다. 그럴 때 우리는 생각한다. '나 이외에 누구를 믿고 의지하고 살아가야 할까?'하고 말이다. 신탁은 두려움에 빠진 우리를 견고히 세워줄 든든한 친구가 될 수 있다.

이 책은 신탁의 입문서와 같은 책이다. 신탁을 처음 접하는 사람들에게 쉬운 전달이 되기를 희망해 본다. 인터뷰에 응해주신 7인의 신탁 전문가에게 깊은 감사의 인사를 올린다. 1년이라는 시간 동안 함께 작업해 주신 최학희 저자에게도 무한한 신뢰를 드린다.

인생은 생각보다 외롭지 않다. 든든한 제도가 뒷받침된다면 더욱 살 만한 인생이다. 신탁은 우리의 인생을 보다 풍요롭고 안전하게 만들어 줄 수 있는 신뢰의 장치다. 신탁을 통해 새로운 인생을 설계할 수 있다. 그 선택은 나 자신이 하는 것이고, 선택을 하기 위해서는 신탁에 대해 제대로 알아야 한다. 부디 여러분의 선택에 작게나마 도움이 될 수 있기를 바란다.

목차

1부 신탁의 새로운 지평

01 왜 지금 신탁이 뜰까

◆ 디지털 글로벌 시대에 내 재산을 지키는 방법 ······ 14

- 나는 이미 1인 가구, 너도 곧 1인 가구?
- 열심히 뼈 빠지게 키운 자녀, 효도 말고 분쟁한다
- 무자식이 상팔자! 하지만 내 재산의 행방은 어디로?

◆ 디지털 자산의 증가와 AI ······ 24

- AI 대전환 시대, AI가 내 재산을 관리할 수 있을까?
- 미국 AI 유언집행인의 선도적 실험
- 국제사회의 AI 신탁과 새로운 규제 동향
- 한국의 AI 신탁관리인은 언제 등장할까?

02 신탁과 유언장은 뭐가 다르지?

◆ 신탁의 출발과 발전의 역사 ······ 34

- 미국의 신탁은 어떻게 시작했을까?
- 메이지 시대에 도입된 일본의 신탁제도
- 한국 신탁제도의 도입과 발전

◆ 신탁과 유언장 ······ 42

- 위탁자, 수탁자, 수익자의 권리와 의무
- 유언대용신탁으로 유언을 대신하다
- 신탁의 독립재산성

2부 신탁 트렌드 2026

03 반려동물, 취미 등 특수목적 신탁

- 내가 죽고 나면 우리 강아지는? 54
  - 미국의 반려동물 신탁제도와 사례
  - 일본의 반려동물 신탁제도와 사례
  - 영국의 반려동물 신탁제도와 사례
- 문화재 관리, 취미 자산도 신탁이 된다 61
  - 국민 참여 확대로 이어질 수 있는 문화재 관리 신탁
  - 내 수집품도 취미 자산 신탁할 수 있을까?

04 장애, 치매 등 특수부양신탁

- 특수 재정 계획이 필요한 장애인신탁 70
  - 장애인신탁과 유언대용신탁의 차이
  - 미국의 특수부양신탁(SNT) 개념과 사례
- 나에게 치매가 안 온다는 보장은 없다 76
  - 일본의 성년후견제도는 왜 실패했을까?
  - 일본의 치매머니와 치매신탁 프로그램
  - 한국의 치매신탁 제도 현황

05 가업승계신탁, 기부신탁, 기업신탁

◆ 가족 간 갈등을 줄이는 가업승계신탁 설계 84

- 가업승계신탁의 개념과 구조
- 한국의 가업승계신탁 사례
- 미국의 가업승계신탁 사례

◆ 기부신탁이라는 말 들어 보셨어요? 90

- 기부신탁의 개념과 구조
- 장학재단과 복지재단을 움직이는 힘
- 신개념 기부신탁 사례

◆ ESG 경영을 위한 신탁 97

- ESG 경영 신탁의 개념과 구조
- ESG 경영 신탁의 사례
- ESG 경영을 위한 신탁과 공익신탁

3부 신탁아카데미 - 실전 가이드

06 신탁계약은 어떻게 맺을까?

◆ 신탁계약서에 꼭 들어가는 내용 · · · · · · · · · · · · · · · · · 106

• 신탁계약의 주요 항목 체크하기
• 위탁자, 수탁자, 수익자의 계약 유의사항

07 신탁의 관리와 운용

◆ 신탁의 재산 운용 전략 · 111

• 안정성 중심의 운용 전략
• 수익성 중심의 운용 전략
• 부동산 중심의 운용 전략

◆ 세부, 법무 체크리스트 · 114

• 한국의 신탁 설계 및 관리 체크리스트
• 미국의 신탁 설계 및 관리 체크리스트
• 일본의 신탁 설계 및 관리 체크리스트

08 신탁 전문가 7인의 인터뷰

◆ "신탁은 내 뜻을 끝까지 이어주는 도구예요." · · · · · · · 128

신관식 우리은행 신탁부 가족신탁팀 신탁 · 세금 전문가

◆ "노인의 돈은 생존입니다.
그래서 신탁이 더 절실하죠." · · · · · · · · · · · · · · · · · · · 134

홍종석 강동구 치매안심센터 팀장 / 사회복지사

◆ "신탁은 내 의지를 지키는 장치이자 사회적 상속의 출발점" 142

김범용 부천희망재단 상임이사

◆ "수탁자 중심에서 위탁자 중심으로 신탁의 축을 되돌려야 해요." 148

김태준 제이플러스파이낸셜 대표 컨설턴트

◆ "신탁, 생애 자산관리 도구로서의 관심 증대" 154

김병태 한국FPSB 본부장

◆ "신탁은 재산관리가 아니라 삶을 지켜주는 제도입니다." 159

소순무 법무법인 가온 고문변호사 / 한국후견협회 명예회장

◆ "웰다잉 관점에서 신탁은 죽음 이후에도 자기결정권을 행사하는 마지막 장치" 165

원혜영 웰다잉문화운동 공동대표

09 신탁아카데미 소개

• 신탁아카데미의 목적과 사회적 배경 170
• 교육 대상과 필요성 172
• 교육 특징 174
• 교육 분류 및 단계별 커리큘럼 176
• 예시 커리큘럼(9주 단기 집중과정) 178
• 기대 효과와 추진 방향 180

신탁의
새로운 지평

01

왜 지금 신탁이 뜰까

디지털 글로벌 시대에 내 재산을 지키는 방법

'신탁(Trust)'은 말 그대로 내 재산의 관리와 처분을 남에게 믿고 맡긴다는 뜻이다. "아니, 남을 어떻게 믿고 내 재산을 맡겨요? 가족도 못 믿는 판국에 말도 안 됩니다!"라고 대뜸 노여워하며 신탁의 개념 자체가 못마땅한 사람도 있을 수 있다. 나도 나 자신을 못 믿는데 남을 어떻게 믿을 수 있는지, 그게 가당키나 한 말인가? 요즘처럼 사기, 거짓말이 만연한 불신사회에서는 더 아리송한 말이다. 하지만 그렇기에 신탁은 더 필요하다. 믿을 수 있는 사람이 점점 사라지는 이 시대에 신탁은 내 재산을 지키는 똑똑한 방법이 될 수 있다. 신탁은 내 의지로 내 재산을 맡기는 것이다. 그러니 신탁을 관리하는 주체는 믿을 수 있는 검증된 전문가 또는 회사나 기관이어야 한다. 신탁 전문가나 신탁회사에 맡기는 것이 내 재산을 관리하는 데 있어서 이로울 때 신탁은 비로소 성립한다.

그런데 왜 하필 지금 신탁일까? 우리 사회는 격변의 시기를 맞고 있다. 대한민국만 그런 것이 아니라 전 세계가 예측할 수 없는 변화에 요동치고 있다. 기존의 전통적인 사회구조가 바뀌고 AI 기술이 물밀듯이 밀려오면서 혼돈의 시대를 겪는 중이다. 기술만 급변하는 것이 아니다. 사회의 가치관도 크게 변화하고 있다. 인간은 기본적으로 안정을 추구한다. 나를 지키고, 내 가정을 지키고, 내 재산을 지키기를 원한다. 그런데 딛고 있던 땅이 흔들리면 두려움을 느낀다. 어디로 튈지 모르는 세상 속에 나 홀로 서 있다는 생각은 죽음만큼 무섭다. 세상이 급변하고 예측불허의 가속도가 붙을수록 사람은 '믿을 수 있는 누군가'를 본능적으로 찾는다. 마음의 평화를 얻을 수 있는 실질적이며 안전한 장치가 필요한 것이다. 신탁은 급변하는 디지털 글로벌 시대에 내 재산을 믿고 맡길 수 있는 검증된 장치다.

나는 이미 1인 가구, 너도 곧 1인 가구?

오십이 넘은 친구들이 모이면 하나같이 하소연을 한다. "남편이 있으면 뭘 해~ 기댈 곳이 없어~", "가장인 내가 아프거나 큰 병이 생기면 큰일이야~", "애들은 자기들 먹고 살기에도 바쁠 테고 10년 후를 생각하면 아득해!" 배우자가 있는 친구든, 자식이 여럿 있는 친구든 고민의 주제는 거의 같다. 외로움에 몸부림치는 친구들의 이야기를 듣고 있다 보면 맥이 빠지고 불안해진다. 모두가 격렬한 전장 속에서 홀로 싸우는 전사 같아서 안타깝다. 다행히 유튜브나 쇼츠에서는 그런 '나 홀로 전사들'을 대단하다고 추켜세운다. 혼자 꿋꿋하게 세상과 맞서 싸우는 사람이 진정한 어른이라고 한다. 나이 들수록 혼자가 좋다고 말한다. 친구도 많을 필요가 없고 부모, 자식, 형제도 결국 남이라고 한다. 맞는 말이지만 한편으로는 쓸쓸하다. 우리에게는 믿을 만한 사람이 그렇게 없을까? 현재 가족이 있다고 해도 우리는 언젠가 하나씩 이별한다. 결국 어떠한 이유로든 1인 가구가 될 예정이다.

필자의 주변에도 다양한 이유로 1인 가구로 살아가는 사람이 많아졌다. 부모의 사망, 자식의 독립, 배우자와의 사별 또는 이혼은 70년대생인 우리 세대에서 이제 너무 흔한 이유가 됐다. 윗세대인 50~60년대생도 같은 이유로 혼자 사는 사람이 많다. 대한민국의 초고령화는 외로운 노인들을 계속 양산하고 있다. 20~30대는 아예 결혼을 안 하고 취업 등의 이유로 독립해 살아서 1인 가구가 많아지고 있다. 2025년 11월, 보건복지부가 발간한 2024년 사회보장 통계집에 따르면 1인 가구는 804만 5천 가구에 이른다. 이는 대한민국 전체 가구 수에서 36.1%를 차지하는 수치다. 지금과 같은 증가세라면 1인 가구는 2027년 855만 가구, 2037년에는 거의 1,000만 가구를 웃돌 것으로 예상한다. 80~90년대에 흔했던 4인 가구는 이제 찾아보기 힘들다. 가끔 드라마 '응답하라 1988'에 나오는 가족들과 정다운 동네 사람들을 보면서 추억에 잠기곤 한다. 지금은 어떤가. 옆집에서 누가 죽어도 오랫동안 모르고 사는 세상이 됐다. 이웃은 각박해졌고 가족이 있다고 해도 거의 대부분 심정적, 잠정적 1인 가구 상태다. 가족이 가족이 되지 못하고 설사 있다고 해도 서로 의지할 수 없는 각개전투의 시대, 우리는 누구를 믿고 의지해 살아가야 할까?

대한민국 1인 가구 변동 추이

1인 가구의 지속적 증가 추세

2005~2024년 성별 1인 가구 수 및 전체 가구 대비 비율 변화

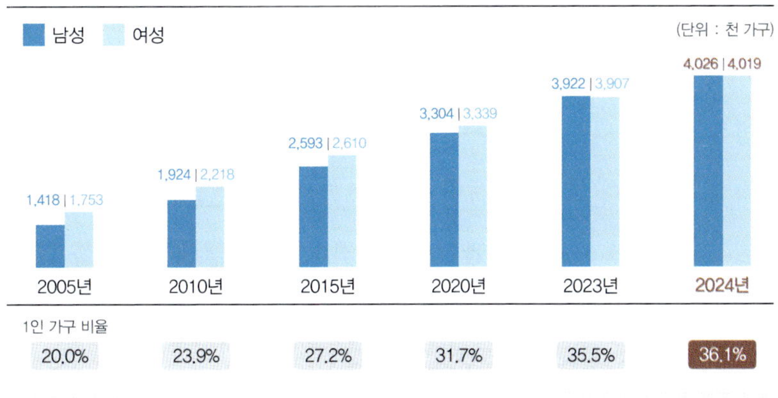

주요 시사점

2024년 기준 1인 가구는 804만 5천 가구로 사상 최초 800만 세대를 돌파했다. 전체 가구의 36.1%가 1인 가구이며, 2005년 대비 1인 가구 비율이 16.1%p 상승했다. 특히 2023년에는 남성 1인 가구가 여성 1인 가구의 수치를 처음으로 추월했다.

가족이 없다면 그다음은 누구인가? 바로 친구다. 질문을 던져본다. "요즘 가장 친하게 지내는 친구가 누구인가요?" 아직까지 납을 내놓을 수 있는 친구가 몇몇 건재하고 있어서 다행이다. 노년의 여성에게 필요한 건 딸과 돈, 친구라는데 딸과 돈은 없지만 서로를 아끼고 보살필 수 있는 친구는 있으니까 말이다. 그런데 요즘은 그것도 살짝 불안하다. '아마도 100살까지는 살 것 같은데 그때도 내 친구들이 그대로 있으리란 보장은 없잖아?' 아뿔싸, 나만 혼자 고고하게 오래 살아남아도 큰일이다. 그때를 대비해 나보다 한참 나이 어린 친구들을 사귀어 놓아야 하나? 별별 생각이 다 든다.

최근에 이런 일이 있었다. 1인 가구로 지내는 50대 중반 언니 둘이 차례로 병치레를 했다. 거동이 불편해진 그녀들은 가까이 사는 50대 초반

의 나에게 SOS를 쳤다. 보호자가 따로 없던 그녀들은 통장계좌번호, 신용카드 비밀번호 등을 나에게 맡겼다. 똑똑하고 야무진 언니들이었지만 갑자기 찾아온 우환을 가족 없이 홀로 감당하기엔 역부족이었다. 그 때 느꼈다. “아, 혼자 사는 게 만만치가 않구나. 건강하다가도 사고와 질병은 갑자기 닥칠 수 있구나!” 그때 처음으로 ‘신탁’이라는 단어를 머릿속에 떠올렸다. 간병인 보험 같은 보험상품도 든든한 장치가 될 수 있겠지만, 더 크고 폭넓은 관리가 필요하다. 마치 집사처럼 나를 잘 알고 관리해 줄 수 있는, 내 상황과 재산의 전반적인 설계를 맡길 수 있는 또 다른 장치가 절실하게 필요해 보였다.

열심히 뼈 빠지게 키운 자녀, 효도 말고 분쟁한다

부모가 물려줄 재산이 없는 집 자식들은 상속 때문에 싸울 일이 없다. 하지만 소액이라도 나눠 가져야 한다면 이야기가 달라진다. 우애가 좋은 자녀들이라면 문제가 없겠지만 자녀 중 돈에 욕심을 내는 자녀가 하나라도 있다면 진흙탕 싸움이 시작된다. “어머! 우리 애들은 안 그럴 거예요~ 제가 얼마나 바르게 키웠는데요?” 엄마도 모르는 일이다. 돈 앞에서 사람 마음은 수시로 변한다. 어릴 때 절친이었던 내 친구는 두 살 위 언니와 우애가 아주 깊었다. 그런데 부모님이 모두 암에 걸려 몇 개월 사이 두 분 다 돌아가시자 장례식장에서 자매는 단돈 몇백만 원의 유산 때문에 싸우고 의절했다. 자녀가 외동이라고 해도 마찬가지다. 상속 증여의 분쟁 사례를 보면 기가 찰 일들이 비일비재하게 일어난다.

본인의 의지와 무관하게 상대가 누구냐에 따라 분쟁에 휘말리는 경우가 허다하다. 죽은 부모가 하늘에서 통곡할 일이지만 생전에 유언을 제대로 하지 못한 부모의 과오도 크다. 통계청과 법원행정처 자료에 따르면, 상속재산분할 심판 청구 건수는 꾸준히 증가하여 2024년에 처음으로 3,000건을 돌파했다. 혈연보다 돈의 가치가 우선시되는 사회의 씁쓸한 단면이다.

2020~2024년 상속 분쟁 소송 건수

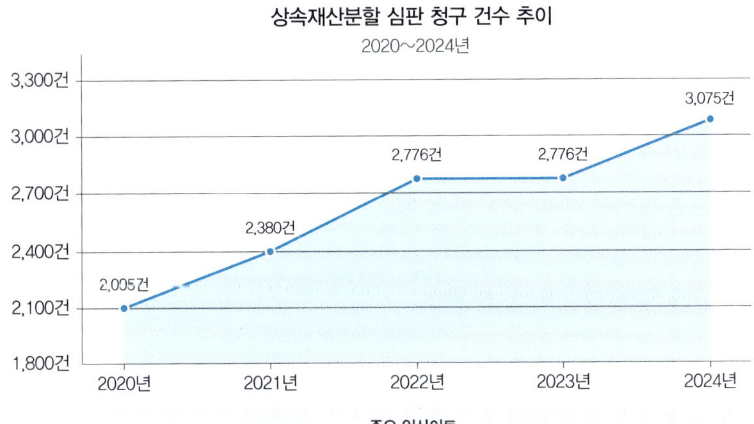

신탁은 유언과 달리 사후 분쟁의 소지가 적다. 유언을 대신하는 '유언대용신탁'이 최근 부쩍 떠오르고 있는 이유다. 급격한 고령화와 가족 구성원의 변화에 발맞추어 금융기관들이 유언대용신탁 상품을 개발하고 운용 중에 있다. 하나은행은 '하나 Living Trust'라는 상품으로 유언대용신탁을 운용하며 금전, 유가증권, 부동산 등을 신탁할 수 있는 서비스를 제공한다. 우리은행은 '우리내리사랑 안심신탁'이라는 상품을 출시하며, 5,000만 원이었던 기존 가입금액을 1,000만 원으로 내려 신탁 대중화를 꾀하고 있다. 복잡했던 계약 절차를 간단하게 하고 고객에게 생활비 자금처럼 필요한 자금이 주기적으로 지급될 수 있도록 했다. 신한은행도 '일반 유언대용신탁', '간편계약형 유언대용신탁', '금전기본형 유언대용신탁' 등 유언대용신탁의 종류를 세분화하여 고객의 필요에 따라 선택할 수 있게 구성했다. NH농협은행, KB국민은행도 유언대용신탁을 운용하며 은행권 유언대용신탁 경쟁은 가속화되고 있다. 은행권은 '고액 자산가의 전유물'로 인식됐던 유언대용신탁의 대중화에 앞장서고 있으며, 낮아진 진입장벽 덕에 2025년 11월 말 기준, 유언대용신탁의 잔액은 총 4조 4,132억 원으로 집계되었다. 이는 2025년 8월 말 기준으로 약 5,000억 원이 증가한 수치다.

I 5대 은행 유언대용신탁 잔액 추이

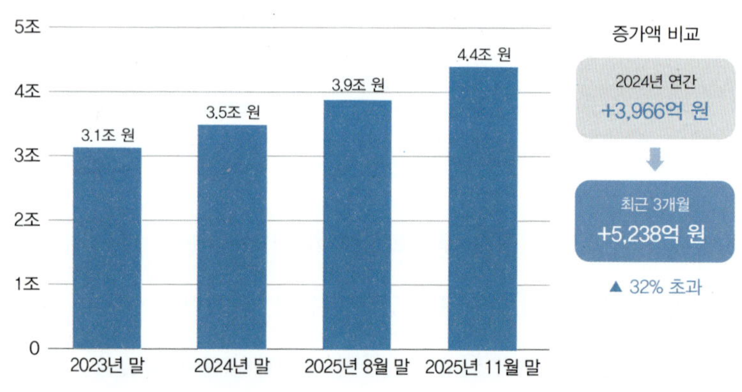

▶ 진입장벽 완화로 3개월 만에 지난해 연간 증가액 추월

물론 유언대용신탁이라고 해서 분쟁의 소지가 전혀 없는 것은 아니다. 실무에서 다양한 유형의 분쟁이 발생하고 있고 효력과 한계점도 나타나고 있다. 그럼에도 앞으로 점점 유언대용신탁이 유언을 대체할 가능성이 크다. 유언은 누군가 이의를 제기해 소송을 걸면 유언 집행이 지연되는 큰 단점이 있다. 반면, 유언대용신탁은 정해진 절차대로 바로 집행할 수 있다는 점이 장점이다.

무자식이 상팔자! 하지만 내 재산의 행방은 어디로?

내가 죽으면 내가 가진 재산을 가족에게 남기는 것이 상속이다. 과거에는 그런 전통적인 상속만 생각했다. 요즘은 상속 자체를 고려하지 않는 가구 수가 늘고 있다. 먼저 젊은 층의 인식 변화다. 결혼을 하지 않겠다는 20~30대는 상속의 개념이 과거 전통적 상속 개념과 다를 수밖에 없다. 결혼을 했어도 아이 없이 사는 딩크족도 있다. 이들 또한 상속의 개념이 과거와 다르다.

그렇다면 현재의 시니어들은 어떤가? 자녀가 있어도 자녀에게 상속을 하지 않겠다는 부모가 늘고 있다. 초고령사회가 되면서 뒤늦게 황혼이혼을 하고 또 재혼을 하는 가정도 늘었다. 이들에게 상속은 피하고 싶은 골치 아픈 문제다. 부모가 자녀와 불화하면서 상속을 하지 않겠다고 선언하는 경우도 있고, 자녀의 경제적 독립을 추구하기 위해 상속을 하지 않겠다는 의식 높은 부모도 있다. 이들은 자녀에 구속되지 않고 "내 재산을 내 뜻대로 쓰겠다!"는 마인드를 가지고 있다. 인생을 길게

향유할 수 있는 100세 시대가 되면서 이러한 추세는 점점 더 높아지고 있다. 현재 10대, 20대 자녀들을 둔 X세대(1965~1980년 사이 태어난 세대)뿐만 아니라 30대, 40대 자녀들을 둔 베이비붐 세대(한국 기준 1955~1963년 사이 태어난 세대)도 내 재산을 내가 쓰고 가겠다는 생각이 늘고 있다. 이제 자녀의 효도에 노후를 의지하는 시대는 지났다. 만나는 시니어들마다 자녀에게는 최소한의 것만 해주고 남은 재산은 인생 후반전을 지나야 하는 자신을 위해 쓰겠다고 말한다. 즉, 자산의 변동이 '유산'에서 '현금흐름'으로 전환되고 있는 것이다.

무자녀/재혼/장수 시대
상속에서 생전 현금흐름으로의 대전환

무자녀	재혼	장수
전통적 상속 개념 약화	복잡한 가족 관계 증가	은퇴 후 30~40년 생활비 필요

FROM		TO
상속	→	**생전 현금흐름**
사후 자산 이전		살아 있을 때 안정적 수입

"물려줄 자산"보다
"쓸 수 있는 현금"이 더 중요한 시대

문제는 길어진 인생만큼 나를 체계적으로 관리해 줄 믿을 만한 곳이 어디인가이다. 각개전투의 시대는 주변에 믿을 사람이 별로 없는 시대다. 따라서 내 재산을 믿고 맡길 수 있는 곳을 정확히 선별하고 결정해야 한다. 가장 쉽게 접근할 수 있는 곳은 금융기관이다. 은행과 같은 금융기관은 신탁을 맡긴 사람이 살아 있는 동안 그의 재산을 관리해 주고 사망 후에는 원하는 수익자에게 재산이 이전되도록 설계해 준다. 부동산, 금전, 유가증권 등 다양한 형태의 재산 신탁이 가능하다. 이는 가족신탁과 상속 설계 측면에서도 활용된다. 금융기관의 신탁을 통한 설계는 향후 상속 분쟁을 예방하고 치매, 질환 등으로 재산관리가 힘들어질 때를 대비한 유용한 서비스다.

최근 보험사 연계 신탁 상품도 크게 주목을 받고 있다. 은행의 신탁처럼 가족신탁, 유언대용신탁의 형태이며, 생전 또는 사후에 재산을 원하는 방식대로 관리하고 지급하도록 설계된 신탁을 소개한다. 보험을 계약할 때 보험과 신탁계약을 결합한 구조로 계약이 진행되며, 보험금 청구권, 사망보험금 지급 등에 대해 수익자를 신탁회사로 지정해 관리하도록 하는 상품이다. 이러한 구조를 이용하면 상속 분쟁을 예방할 수 있다. 계약자는 수익자 지급 시기와 용도를 제한할 수 있으며 장기적 자산승계 설계가 가능하다.

이처럼 은행이나 보험사의 신탁상품은 검증된 기관에서 운용한다는 점에서 믿고 맡길 수 있다. 그래도 공부는 필요하다. 은행 또는 보험사의 신탁상품을 이용할 때는 세무와 상속법을 정확히 이해하고 나한테 맞는 신탁상품을 선택해야 한다. 보험금이나 신탁재산이 상속, 증여세 이슈로 연결될 수 있기 때문에 신탁에 대해 이해가 높은 전문가와 상담을 진행하고 결정하는 것이 가장 좋다.

디지털 자산의 증가와 AI

디지털 자산(Digital Asset)은 부동산, 지폐, 금처럼 물리적인 형태는 없지만 전자적 형태로 저장, 교환, 거래가 가능한 가치의 단위를 뜻한다. 디지털 자산은 국내에서 '가상자산'이라는 표현으로 주로 사용되며, 이는 「가상자산 이용자 보호 등에 관한 법률」에서 다음과 같이 정의하고 있다.

가상자산 이용자 보호 등에 관한 법률 제2조(정의)

이 법에서 사용하는 용어의 뜻은 다음과 같다.

1. "가상자산"이란 경제적 가치를 지닌 것으로서 전자적으로 거래 또는 이전될 수 있는 전자적 증표(그에 관한 일체의 권리를 포함한다)를 말한다. 다만, 다음 각 목의 어느 하나에 해당하는 것은 제외한다.
   가. 화폐 · 재화 · 용역 등으로 교환될 수 없는 전자적 증표 또는 그 증표에 관한 정보로서 발행인이 사용처와 그 용도를 제한한 것
   나. 「게임산업진흥에 관한 법률」에 따른 게임물의 이용을 통하여 획득한 유 · 무형의 결과물
   다. 「전자금융거래법」에 따른 선불전자지급수단 및 전자화폐
   라. 「주식 · 사채 등의 전자등록에 관한 법률」에 따른 전자등록주식 등
   마. 「전자어음의 발행 및 유통에 관한 법률」에 따른 전자어음
   바. 「상법」에 따른 전자선하증권
   사. 「한국은행법」에 따른 한국은행이 발행하는 전자적 형태의 화폐 및 그와 관련된 서비스
   아. 거래의 형태와 특성을 고려하여 대통령령으로 정하는 것

디지털 자산에는 비트코인(BTC), 이더리움(ETH)과 같은 가상자산인 암호화폐가 있고, 전자화폐, 디지털 증권과 같은 디지털 금융자산이 있다. 또 NFT, 게임 아이템, 음악, 영상 파일과 같은 디지털 콘텐츠 자산도 디지털 자산에 속한다. 고객 데이터, 로그(컴퓨터, 네트워크 사용기록), 알고리즘과 같은 데이터 자산도 디지털 자산이다.

I 대표적인 디지털 자산의 종류

디지털 전환 시대, 새로운 형태의 자산이 부의 기준을 바꾸고 있습니다.

최근의 자산 증식 방법은 코인과 같은 가상자산 투자가 대세다. 수년간 묵혀 둔 코인이 수십 배가 올라 갑자기 부자가 된 신흥부자도 탄생한다. 인스타그램이나 유튜브 등 콘텐츠 기반의 채널이 크게 발전하면서 디지털 자산에 대한 관심도 크게 증가하고 있다. 유명 인플루언서가 서울의 수십억 원대의 아파트를 계약했다는 소식은 이제 심심치 않게 들릴 정도다.

AI 대전환 시대, AI가 내 재산을 관리할 수 있을까?

디지털 자산이 발전함과 동시에 또 다른 축이 밀려오고 있다. 바로 AI다. AI의 발전은 하루가 다르게 가파르게 진화하고 있다. 챗GPT, 구글 제미나이 등 AI가 우리 생활 속에 빠르게 깊이 파고들면서 그야말로 AI 대전환 시대를 맞고 있다. AI는 이제 매일 접하는 중요한 도구가 됐다. 그런데 그 도구의 기능을 넘어서 AI를 하나의 인격체로 대하는 사람도 늘고 있다. 2014년 개봉작인 영화 '그녀(Her)'에서 대필 작가로 일하는 '테오도르'는 외롭고 공허한 삶을 살아간다. 메마른 일상을 살던 그에게 인공지능 운영체제인 '사만다'가 나타나면서 그는 새로운 사랑을 느낀다. 벌써 10년이 지난 영화지만 지금의 세태를 정확히 예고했다. 사람들은 챗GPT에게 자신의 고민과 일상을 공유하고 해답을 찾는다. AI를 기반으로 연인처럼 대화를 주고받는 채팅 콘텐츠도 20~30대에게 각광을 받는다. 도처에 테오도르가 있고 사만다가 있다.

AI 발전이 가속화된 2024년부터 AI를 상속, 신탁 영역에 활용하려는 혁신적 시도가 전 세계적으로 등장했다. 가장 먼저 시도한 국가는 미국이다. 미국은 AI 유언집행인에 대한 논의를 시작했다. 사람보다 더 믿을 수 있고 정확한 AI의 등장이 이제 법적인 체계의 변화도 시도토록 한 것이다. 여러 논의 끝에 아직 법적 인격을 부여받지 못한 AI는 그 책임 소재 문제를 해결하지 못한 채 개념적, 실험적 단계에 머물러 있다.

AI가 상속인, 신탁관리인으로 활약할 수 있으려면 어떤 문제가 해결돼야 할까. 가장 먼저 해결해야 할 점은 AI의 법적 권리능력을 인정하는 것이다. 지금은 법인격이 인정되지 않기 때문에 AI를 상속인, 신탁

관리인으로 활용할 수 없다. 법인격은 '자연인은 아니나 법률이 인격을 부여하여 권리와 의무의 주체가 되는 한 조직체'를 뜻한다. 윤리적, 기술적 리스크가 아직 크다는 점도 넘어야 할 산이다. AI를 활용한 상속, 신탁은 효율성과 객관성을 유지할 수 있다는 점에서 분명히 가치가 있고 곧 다가올 미래이기도 하다. 하지만 그 전에 법적인 프레임워크 구축이 선행되어야 한다.

미국 AI 유언집행인의 선도적 실험

미국은 AI 기술을 선도하는 국가다. 2024년 하반기 미국에서는 AI를 유언집행인이나 상속관리인으로 지정하는 아이디어가 본격적으로 부상했다. 2024년 11월, 한 미국 로펌은 일론 머스크의 휴머노이드 로봇 '옵티머스'의 개발 소식을 언급하며 AI가 고인의 유언을 집행하고 재산을 분배하는 미래상을 제시했다. GPT 기반의 챗봇이나 휴머노이드 로봇이 프로그램된 알고리즘에 따라 자산을 분배하고 디지털 계정을 정리하는 시나리오가 구상됐다. 여기서 AI의 핵심적 기대 역할은 첫째, 자산 목록 관리다. AI는 고인의 전체 유산 데이터베이스를 구축하고 실시간 업데이트한다. 둘째, 상속인 간 재산 배분이다. AI는 알고리즘 기반으로 공정하고도 객관적인 분배 계산을 하고 이를 실행할 수 있다. 셋째, 디지털 계정 관리다. 소셜미디어, 암호화폐 지갑 등 디지털 유산을 처리한다. 넷째, 쉬지 않는 지속적인 업무 처리 능력이다. AI는 사람과 달리 쉬지 않고 24시간, 주 7일을 일할 수 있다. 이는 즉각적인 업무 처리에 유용하다.

AI 유언집행인의 기대 역할
미래의 상속 관리를 혁신하는 인공지능

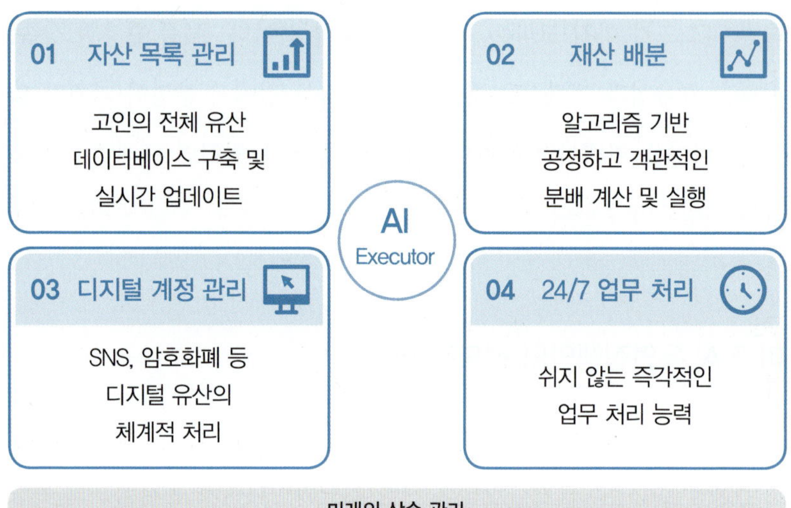

AI가 유언집행인, 신탁관리자로 활용된다면 감정이 배제된 객관적 판단을 할 수 있다는 점이 가장 큰 장점이다. 처리속도도 사람의 업무 처리 속도보다 월등히 빠르다. 오류가 최소화되며, 이는 가족 분쟁의 감소로 이어진다. 비용이 절감되는 것은 두말할 필요도 없다. 하지만 법인격 부재로 유언집행인의 공식 지위를 아직 얻지 못했다. 공식 지위가 없다는 것은 책임 소재가 불명확함을 뜻한다. 현행 미국 법제는 유언집행인이나 신탁의 수탁자로 법인격 있는 자연인 또는 법인만을 인정한다. AI가 오류를 최소화할 수 있다고는 하지만 오류가 발생할 때는 법적 구제가 어렵다는 단점도 제기됐다. 인간적 판단력이 부족하다는 점도 보완이 되어야 한다. 실제로 2024년 뉴욕 법조계에서 챗GPT로 테스트를 한 결과, 상속세 절감 규정을 미반영하고 수탁자 재량 범위가 불명확한 문제가 발생하는 등 중대한 모호성으로 소송 위험이 증가할 수 있다는 결과가 나왔다. 이러한 문제를 해결하기 위해 업계에서는 다양한 대응이 쏟아졌다. 부동산 테크 스타트업에서는 챗봇 기반 유언장 작성도구를 개발했고, 다른 IT기업에서는 디지털 자산 자동분배 솔루션을 시범 운영하기도 했다. 하지만 아직 법률 전문가들은 AI를 보조 도구로만 활용할 것을 권고한다. 감독기관은 AI 규제 프레임워크를 논의하기 시작했다. 이러한 미국의 AI 유언집행인에 대한 실험은 AI 상속, 신탁관리의 가능성을 보여줬지만, 법적인 안전장치 마련도 시급하다는 것을 알려줬다.

국제사회의 AI 신탁과 새로운 규제 동향

블록체인과 AI를 결합한 자율형 신탁 개념이 등장했으나 국제 규범은 아직까지 AI 법인격 부여에 신중한 입장을 취하고 있다. 그럼에도 AI 신탁 모델은 실험되고 있으며 크게 2가지의 형태로 논의되고 있다.

❶ 인간-AI 공동 수탁자 모델

인간과 AI가 상호 결합된 모델이다. AI가 투자 결정과 분배 시기를 제안하면, 인간 수탁자가 그 내용을 최종 검토하고 승인한다. GPT 4와 같은 생성형 AI를 활용하며, 2024년 5월 국제 법률 포럼에서 발표됐다.

❷ 완전 자율형 신탁

블록체인과 AI가 결합한 스마트 계약 모델이다. 신탁 조건이 충족되면 자동 재산 이전이 가능하다. 인간 개입이 없는 완전 자동화 시스템이며, 블록체인의 불변성으로 보안을 강화한 것이 특징이다.

▎인간-AI 공동 수탁자 모델 & 완전 자율형 신탁

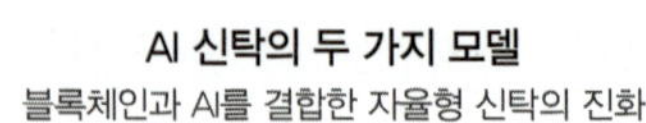

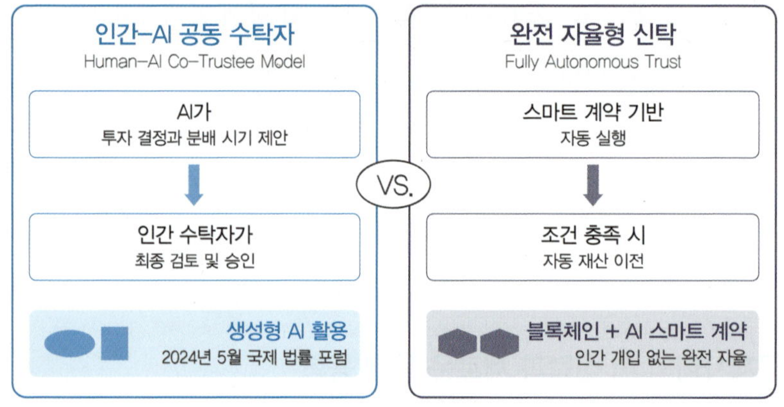

국제 규범의 신중한 접근
AI 법인격 부여에는 신중한 입장이나, 블록체인과 AI를 결합한 자율형 신탁 모델은 실험 단계에 있습니다.

AI 상속, 신탁관리자에 대한 논의는 2017년 EU 회의에서 '전자 인격(E-personhood)'에 대한 논의로써 처음 시작됐다. 하지만 결국 AI 법인격은 채택 거부되었다. AI가 결정한 판단에 문제가 생길 경우 책임 소재를 묻기 어렵다는 판단이었다. 2021년 유네스코는 AI 윤리 권고안을 발표하며 AI에게 법인격을 부여하는 것을 반대하고 이를 아예 명시하였다. 2024년에 열린 유럽평의회에서는 AI와 인권 협약을 논의했고 신탁적 장치로서의 AI의 감독을 고려했다. 지금까지의 논의로 볼 때, AI는 우회적 접근으로서의 목적 신탁 도구에 가깝다. AI는 수혜자가 아닌 목적 대상일 뿐이다. 국제사회는 AI 신탁의 혁신성을 인정하지만 현재까지는 인권과 민주적 가치 보호를 더 우선시하고 있다.

한국의 AI 신탁관리인은 언제 등장할까?

한국은 디지털 강국이다. 2025년 경주 APEC에서 엔비디아의 CEO 젠슨 황이 인정한 것처럼 한국의 디지털 발전 속도는 세계 최고 수준이다. 아직 AI를 상속인 또는 신탁관리인으로 공식 지정한 사례는 없지만 다양한 방면에서 AI를 활용하려는 움직임은 거세다. 디지털 전환을 선도한 것처럼, AI 신탁관리인에 대한 논의와 등장도 한국이 선도할 수 있다. 특히 2024년 이후 디지털 유산과 초고액 자산관리에 AI를 도입하려는 추세가 강화되고 있다. 2025년 어느 매체는 '사이버 상속인'이라는 개념을 소개했다. 암호화폐, NFT, 온라인 수익 등을 AI 시스템으로 관리하는 개념이다. 생체인증과 연계된 AI 시스템이 상속인의 사망을 확인하면 미리 설정한 스마트 계약에 따라 각 수혜자에게 암호화폐 지갑 키를 배포하거나 고인의 소셜미디어 계정을 자동으로 삭제하는 등의 업무를 수행하는 시나리오를 제시했다. 현행 대한민국 법률은 미국과 마찬가지로 AI를 법인격으로 인정하지 않지만 AI와 연계된 유언을 남기는 등의 간접적 방안은 활용 가능성이 크다.

그런데 AGI(인공지능의 일반지능) 시대가 도래하면 어떻게 될까? AI

시대와는 비교도 안 될 정도의 AGI 시대, 이때는 현재의 신탁제도에 큰 변화가 생길 수밖에 없다. 범용 인공지능이 인간과 유사한 판단력과 자율성을 갖게 되면 지금까지의 법률 체계에서 AI의 지위와 책임도 재정립된다.

I AI와 AGI의 개념 비교

VS.

인공 일반 지능

AGI

Artificial General Intelligence

인간의 지능을 모방하거나 능가하는 것을 목표로 한 미래 지향적 개념

- 특정 영역에 국한되지 않고 스스로 학습하고 성장
- 인간처럼 다양한 지적 작업을 수행

AGI가 자산을 보유하고 의사결정을 내릴 수 있는 주체가 될 경우 이를 규율하기 힘든 현행 법체계를 대신해 신탁이 AGI와 사회 사이를 완충하는 역할을 할 수 있을 거라고 기대한다. 예를 들어, AGI가 신탁의 위탁자나 수익자가 되고 인간이나 법인이 수탁자가 되어 AGI가 창출한 재산을 관리할 수도 있다. 반대로 AGI가 보조적 수탁자가 되는 등의 새로운 신탁 구조가 탄생할 수도 있다. 물론 AGI가 수탁자가 되려면 AI 오작동에 대한 책임 소재, 이해 상충 방지책 등 숱하게 산재한 윤리적, 법률적 문제들이 사전에 해결되어야 한다. 앞으로의 신탁제도는 초지능을 가진 AGI의 결정에 인간의 통제와 사회적 신뢰를 부여하는 것으로 진화될 것이다.

AGI 시대의 새로운 신탁 구조
범용 인공지능과 함께하는 신탁제도의 진화

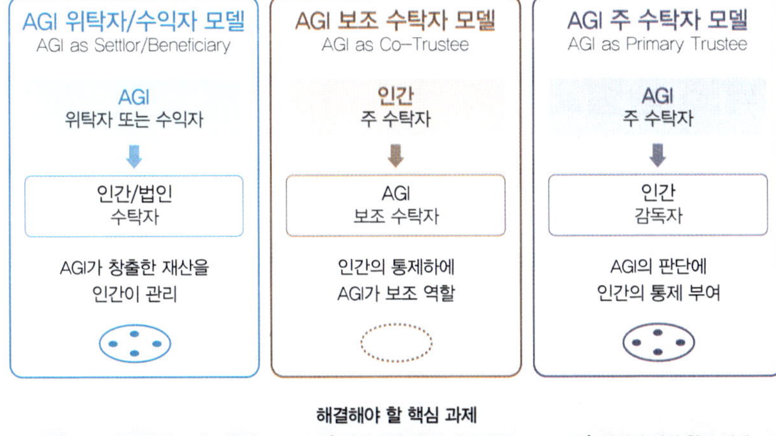

해결해야 할 핵심 과제

✔ AI 오작동 책임 소재 명확화 ✔ 이해 상충 방지 메커니즘 ✔ 사회적 신뢰 확보 체계

초지능 AGI의 결정에 인간의 통제와 사회적 신뢰를 부여하는 신탁제도로의 진화

02

신탁과 유언장은 뭐가 다르지?

신탁의 출발과 발전의 역사

모든 제도에는 시작점이 있다. 신탁제도의 출발은 영국 중세시대의 봉건제도로 거슬러 올라간다. 당시 교회나 기사들이 토지를 관리하면서 실질적인 소유자와 명의상의 소유자가 달라지는 관행이 발생했다. 13세기 영국에서는 십자군 원정으로 인한 장기적 부재를 대비해 토지를 소유한 영주가 본인이 소유한 재산을 친구에게 맡겨 자신의 가족을 위해 관리하게 했다. 이때 생긴 개념이 바로 '신탁(Trust)'이며 '위탁자(Settlor)', '수탁자(Trustee)', '수익자(Beneficiary)'의 3자 관계가 시작됐다. 토지를 믿을 만한 사람에게 맡기고 전쟁에 참전한 영주는 위탁자가 되며, 토지를 맡아 관리하는 사람은 수탁자, 영주의 배우자 또는 자녀, 가족은 수익자다.

신탁의 3자 관계 - '위탁자', '수탁자', '수익자'
13세기 영국에서 시작된 신탁제도의 기본 구조

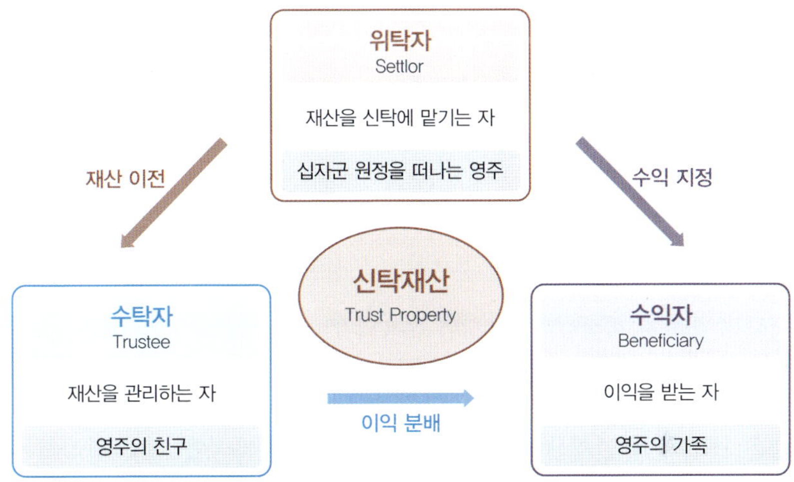

신탁의 기원

13세기 영국 십자군 원정 시대, 장기 부재에 대비해 토지를 소유한 영주가
자신의 재산을 친구에게 맡겨 가족을 위해 관리하게 하면서 신탁제도가 시작되었습니다.

실질적 소유자와 명의상 소유자를 분리하는 신탁의 핵심 개념

이 제도는 영국 형평법(Equity)에서 정식 법리로 인정받아 현대 신탁제도의 기초가 됐다. 이후 19세기 영국에서는 산업화와 상업의 발전으로 신탁이 금융, 부동산, 유언 관리 등 다양한 분야에서 적용됐다.

미국의 신탁은 어떻게 시작했을까?

미국은 영국 식민지 시대(17~18세기)를 겪으며 영국의 형평법을 그대로 계승했다. 신탁제도 또한 영국의 신탁 개념을 그대로 가져온다. 초기 미국 법원들은 신탁을 법적으로 보호할 수 있는 재산관리 수단으로 인정하여 개인의 재산을 제삼자에게 맡겨 관리, 운용하게 하고 수익을 지정된 자에게 귀속시키는 제도로 발전시켰다.

19세기 초반부터 산업화와 자본시장의 성장으로 미국의 은행은 신탁업무도 수행하기 시작했다. 1822년 뉴욕의 The Farmers' Fire Insurance and Loan Company가 미국 최초로 공식 신탁업무 허가를 받았고, 은행은 개인의 유언재산이나 미성년자의 자산, 투자금을 대신 관리하는 형태로 신탁업을 수행했다.

20세기 미국은 금융이 급속도로 발전하면서 투자신탁, 펀드가 등장했다. 1920년대 이후 자본시장의 발달로 투자신탁이 크게 성장했고, 특히 1940년 「투자회사법(Investment Company Act)」 제정으로, 신탁형 펀드(Trust Form Mutual Fund)가 제도화됐다. 이후 중산층의 자산이 늘어나면서 유산 설계 수단으로서의 신탁이 대중화되었고, '유언신탁(Wills & Testamentary Trusts)', '생전신탁(Living Trusts)', '가족신탁(Family Trusts)' 등이 널리 활용되기 시작했다.

현재 미국은 보다 더 다양한 목적의 신탁이 운용 중이다. 개인의 상황과 목적에 따라 자선, 기부하는 '공익신탁(Charitable Trust)', 복지 수혜 제한 없이 생활비 지원이 가능한 '장애인 지원 신탁(Special Needs Trust)', 채권자 보호와 법적 분쟁에 대비하는 '자산 보호 신탁(Asset

Protection Trust)' 등이 있다. 2000년에 제정된 '통일신탁법(UTC ; Uniform Trust Code)'은 미국의 각 주마다 달랐던 신탁법을 표준화하려는 노력이 이루어진 법이며, 현재 대부분의 주에서 통일신탁법을 채택하여 신탁의 관리, 수탁자의 의무, 수익자의 권리 등을 통일하여 규율하고 있다.

미국의 신탁제도는 법적인 신뢰를 기반으로 경제적 효율성을 결합한 자산관리 시스템이다. 가족의 세대 간 자산 이전뿐만 아니라 더 나아가 사회적 기부, 투자관리, 노후설계 등에 폭넓게 활용되고 있다. 전 세계 신탁제도의 표준 모델이라고도 할 수 있으며, 한국과 일본의 신탁제도에도 큰 영향을 미치고 있다.

메이지 시대에 도입된 일본의 신탁제도

서구 문물의 유입이 빨랐던 일본은 메이지 시대(1868~1912년)에 이미 영국, 미국의 신탁제도를 도입했다. 당시 일본은 서구식 근대 법제도를 정비하는 과정에서 영미법 체계의 신탁 개념을 연구했고 1900년대 초부터 금융기관을 중심으로 신탁 업무를 보기 시작했다. 최초의 신탁회사는 1905년(메이지 38년)에 설립된 '일본신탁주식회사'로, 초창기 신탁 업무는 유언 집행, 부동산 관리, 금전 보관 등이었다.

1922년(다이쇼 11년) 일본은 본격적으로 신탁제도를 법제화했는데, '신탁법'에서는 신탁의 기본 구조와 위탁자, 수탁자, 수익자의 법률관계를 규정했다. '신탁업법'에서는 금융기관이 신탁업을 영위할 수 있는 자격과 감독에 대한 규정을 정했다. 이후 제2차 세계대전 전까지 일본의 주요 은행들은 신탁 부문을 따로 설립하여 유산관리, 증권신탁, 부동산 신탁 등의 업무를 운영했다. 대표적인 신탁회사로는 미쓰이 신탁(三井信託), 미쓰비시 신탁(三菱信託), 스미토모 신탁(住友信託) 등이 있다. 이들 기업은 현재도 일본 신탁 산업의 중심 기업이다.

1945년 일본의 패전 이후 일본의 신탁 업무는 연합군의 경제개혁 과정에서 일부 제한되기도 했지만 1950년대 경제 성장기에 본격적으로 진입하게 되면서 신탁도 활성화됐다. 기존 신탁회사들이 은행 업무도 병행하게 되면서 신탁은행(Trust Bank) 체제가 확립됐다. 이 시기의 은행들은 기업연금과 퇴직금 운용, 개인재산 관리와 유언 집행, 부동산 관리와 개발사업 등의 역할을 수행했다. 특히 1980년대부터 일본 경제 버블기의 신탁은행은 투자신탁과 부동산신탁 중심으로 크게 성장했고, 신탁은행은 은행, 증권사, 보험사 등과 경쟁하며 종합자산관리기관으로서의 면모를 보여준다. 1990년대 들어서 버블이 붕괴되고 부실신탁 문제가 터지자 규제는 더욱 강화된다. 2000년에는 '신탁업법'을 전면 개정함으로써 신탁업의 건전성과 투명성을 보강했고 이 개정으로 은행 이외의 금융회사나 증권사도 신탁업에 진입이 가능해져 서로 경쟁하게 된다.

우리보다 앞서 초고령사회를 맞은 일본은 현재 고령사회에 대응하는 신탁제도를 운용 중이다. 특히 '유언대용신탁', '치매대비신탁', '가족신탁'과 같은 제도가 확산했다. 길어진 인생 시계만큼 개인의 생애주기별로 자산관리를 어떻게 해야 할지 조언하고 관리해 주는 신탁상품이 자리 잡고 있다. 기업퇴직연금과 개인연금을 운용하는 '연금신탁', 교육, 복지, 문화 등 공익 목적의 기부형 신탁인 '공익신탁'과 같은 다양한 형태의 신탁이 등장했다.

최근 일본에서도 암호화폐, NFT, 가상자산을 대상으로 한 신탁제도 연구도 활발히 진행 중이다. 일본 금융청(FSA)은 '디지털 자산 신탁'을 신탁업법상 자산 범위에 포함시키는 방향으로 검토 중이다.

한국 신탁제도의 도입과 발전

한국의 신탁제도는 일제강점기(1910~1945년)에 일본의 신탁법이 들어오게 되면서 시작됐다. 당시 조선총독부는 일본의 금융제도를 그대로 가져왔고 신탁의 개념도 행정, 법률적으로 일부 도입됐으나 본격적인 신탁사업은 이뤄지지 않았다. 해방된 이후 1961년 12월, '신탁업법'이 제정되면서 한국의 공식적인 신탁제도가 시작된다. 이 법은 일본의 '신탁업법'을 참고해 만들어졌으며, 초기에는 금융기관이 고객의 자산을 대신 관리, 운용하는 금전신탁을 중심으로 운영됐다. 1962년 '한국신탁회사'가 최초로 설립됐고, 이후 은행권 신탁 부문도 생긴다. 1969년 '대한신탁은행(후에 한일은행과 합병)'이 설립되어 본격적인 신탁 산업의 기반이 마련된다.

한국은 1970년대에 들어서 산업화와 도시화가 급격하게 진행된다. 이때 부동산신탁, 금전신탁도 더불어 발전한다. 개인 고객보다는 기업의 자금운용, 부동산 개발 목적의 신탁이 주를 이뤘다. 1980년대 이후

신탁상품은 더욱 다양화된다. 은행들이 특정금전신탁, 정기예금형 신탁, 투자신탁 등을 대거 출시하면서 기업 중심의 신탁에서 개인 자산운용 수단으로 신탁 사업이 확대된다. 즉, 신탁 사업의 대중화가 시작된 것이다. 그러나 1997년 IMF 외환위기로 일부 신탁상품의 손실이 발생해 제도의 신뢰성이 흔들리기도 했다.

2000년대의 신탁 사업은 법제 정비가 특징이다. 2001년 '신탁업법'이 전면개정되어 기존 은행권뿐만 아니라 금융투자회사, 보험사 등 다양한 기관이 신탁업에 참여하는 것이 가능해졌다. 신탁이 단순한 예치상품이 아닌 자산관리, 상속, 복지 기능을 수행할 수 있도록 그 범위가 확대된 것이다. 2008년 이후 고령화와 1인 가구 증가로 유언대용신탁, 생전신탁, 치매대비신탁 등의 상품이 등장했다. 특히 2011년 금융감독원 가이드라인이 발표된 이후 유언대용신탁 상품이 본격적으로 판매되기 시작했다.

한국의 오늘날의 신탁제도는 다음과 같은 역할로 발전했다. 첫째, 자산관리 신탁이다. 자산관리 신탁은 개인과 가족의 금융과 부동산 등의 자산을 관리하는 신탁이다. 둘째, 상속 · 유언신탁이다. 이는 사망 후 재산의 이전과 분쟁을 방지한다. 셋째, 복지 · 공익신탁이다. 장애인, 고령자, 사회복지 목적의 지원을 하는 신탁이다. 넷째, 투자신탁이다. 투자신탁은 자본시장 중심의 집합투자형 신탁상품이다. 2010년대부터 현재에 이르기까지 한국의 신탁제도는 이처럼 신탁의 복합적 기능을 강화하는 데 주력했다. 또한 기술의 발전으로 디지털 자산을 신탁자산으로 포함하려는 논의가 활발하다. 동시에 공익신탁, ESG 신탁이 사회적 책임 투자 수단으로 주목받고 있다.

한국 신탁제도의 역할
2010년대 이후 복합적 기능 강화와 디지털 전환

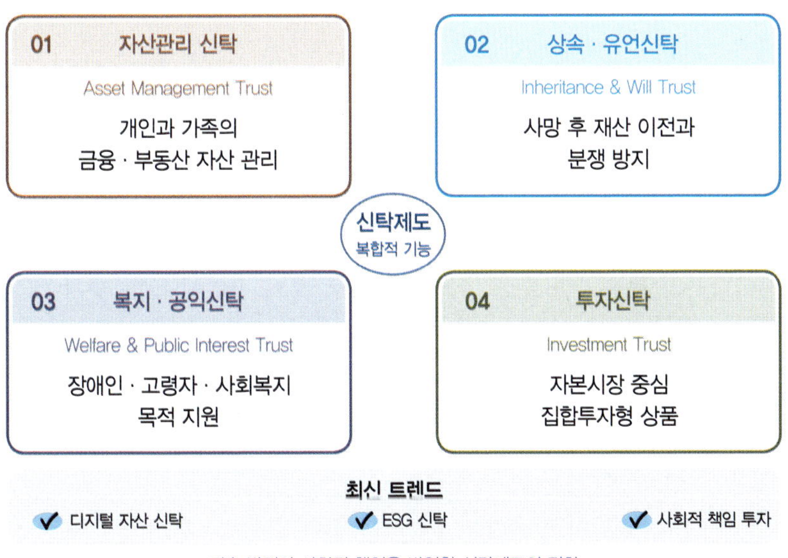

한국의 신탁제도는 신탁을 단순한 자산 보관 수단을 넘어 '법적 신뢰를 기반으로 한 종합자산관리 제도'로 발전시켰다. 현재 한국의 신탁은 금융, 부동산, 상속, 복지, 사회공헌 등 다양한 영역에서 국민의 재산 보호와 사회적 가치 창출에 기여하고 있다.

신탁과 유언장

인생은 선택과 집중의 연속이라고 누가 그랬던가? 신탁과 유언장, 둘 중 하나를 선택해야 한다면 여러분은 무엇을 선택할 것인가?

신탁과 유언장은 모두 사후 재산 분배와 관련된 제도다. 하지만 그 성격과 법적 효력은 크게 다르다. 먼저 유언장은 본인이 사망한 후 재산을 어떻게 나누고 처리할지를 직접 지정하는 문서다. 신탁은 재산을 신탁회사나 금융기관 등에 맡겨 정해진 목적과 방법에 따라 생전 또는 사후에 관리, 운용, 분배하도록 하는 제도다. 유언장은 사망 시점부터 효력이 발생하는 데 반해, 신탁은 효력 시점을 계약자가 선택해 적용할 수 있다는 점이 큰 차이점이다. 신탁은 생전부터 가능한 생전신탁 또는 사후에 효력이 발생하는 유언대용신탁이 있다. 관리의 주체는 유언장의 경우 상속 개시 후 상속인 또는 유언집행자가 처리한다. 신탁은 신탁 계약에 따라 은행, 신탁회사와 같은 수탁자가 재산을 대신 관리한다.

아직까지 한국은 유언을 하고 돌아가시는 경우가 신탁보다 많다. 하지만 신탁의 필요성이 대두되고 그 편리함을 인정해 유언을 대신하는 경우가 점점 늘고 있다. 유언장과 신탁의 장단점은 무엇일까? 우선 유언장과 신탁은 효력 발생 시점이 다르다. 유언장은 사망 이후에만 효력이 발생한다. 반면 신탁은 설정과 동시에 효력이 생긴다. 위탁자는 생전에 자유롭게 재산을 관리할 수 있다. 유언장은 작성하는 데 비용이 적게 들고 유언장 작성의 요건만 충족한다면 법적인 효력이 명확하다. 신탁은 생전 관리와 사후 분배가 모두 가능하며, 전문기관이 관리해 안정성이 높은 장점이 있다. 또한 치매나 고령일 경우 재산을 보호하는 데 유용한 시스템이다. 유언장의 단점은 사망 전까지 아무런 법적 효력이 없다는 것이다. 만약 분쟁이라도 발생하게 되면 유언을 집행하는 데 시간이 걸린다. 신탁은 높은 안정성에 비해 수수료와 관리 비용이 발생한다. 설정 절차가 다소 복잡한 점도 고려해야 한다. 요약하면 유언장은 사후 분배만 가능하지만 신탁은 생전 관리와 사후 분배까지 포함할 수 있다. 특히 유언대용신탁은 유언장을 대신할 수 있는 신탁 형태로, 사후에 신탁 조건대로 재산이 이전되기 때문에 유언장이 가진 분쟁의 소지를 낮출 수 있는 장점이 있다.

❙ 유언장과 신탁의 비교

유언장
Will / Testament

주요 특징
- 생전에 내용 변경 가능, 사망 후 변경 불가
- 사후 재산 분배만 가능

장점
- 작성 비용이 저렴함
- 법적 요건 충족 시 효력이 확실함
- 본인의 의사를 명확하게 표현 가능

단점
- 사망 전까지 법적 효력 없음
- 분쟁 발생 시 집행에 시간 소요
- 생전 재산관리 기능 없음

신탁
Trust

주요 특징
- 계약 내용에 따라 생전에도 변경 가능
- 생전 관리, 사후 분배 모두 가능

장점
- 전문기관의 체계적인 관리로 높은 안정성
- 치매 · 고령자 재산 보호에 효과적
- 유언대용신탁으로 분쟁 소지 감소

단점
- 수수료 및 관리 비용 발생
- 설정 절차가 다소 복잡
- 신탁계약 내용의 이해 필요

위탁자, 수탁자, 수익자의 권리와 의무

신탁을 제대로 알기 위해서는 신탁 계약 3종 세트를 제대로 이해하고 파악해야 한다. 바로 위탁자, 수탁자, 수익자다.

위탁자(Settlor)는 '자신의 재산을 신탁으로 맡기는 사람'이다. 신탁 계약을 시작하는 주체이며, 어떤 재산을 맡길지, 누구를 수탁자로 지정할지, 누가 수익자가 될지를 결정한다. 신탁의 목적도 위탁자가 결정한다. 예를 들어, 자녀 교육비 지급, 노후자금 관리 등 자신에게 필요한 목적 상품을 지정하고 가입한다. "내가 가진 경기도 5만 평의 땅을 자녀에게 안전하게 물려주고 싶다"는 뜻을 가진 아버지는 신탁에서 위탁자가 된다.

수탁자(Trustee)는 위탁자로부터 재산을 신탁받아 관리하고 운용하는 사람 또는 기관을 뜻한다. 신탁 계약이 진행되면 재산의 소유권은 법적으로 위탁자에게서 수탁자로 이전된다. 다만, 이 재산은 위탁자가 지정한 수익자의 이익을 위해서만 사용되어야 한다. 수탁자는 은행, 신탁회사, 금융기관 등이 된다.

수익자(Beneficiary)는 신탁으로부터 이익(수익)을 받는 사람이다. 신탁재산에서 발생한 이익을 받게 되며, 그 이익의 예로는 배당금, 임대료 등이 있다. 신탁의 목적이 끝나면 원금인 신탁재산 자체를 받을 수도 있다.

위탁자-수탁자-수익자의 권리와 의무
신탁 계약 3종 세트의 역할과 책임

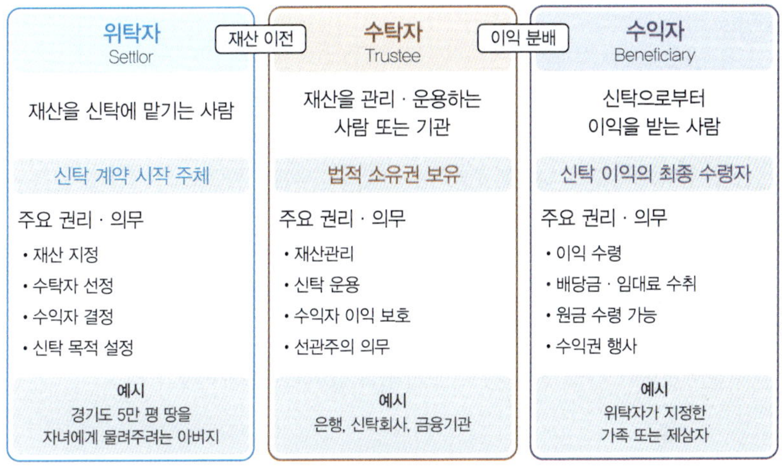

신탁의 핵심
재산의 소유권은 수탁자에게, 이익은 수익자에게

유언대용신탁으로 유언을 대신하다

유언대용신탁은 말 그대로 '유언을 대신하는 신탁'이다. 사망 후에 이루어지는 재산의 이전과 관리, 분배를 미리 신탁 계약으로 정해두는 제도다. 핵심 구조는 신탁을 설정하는 위탁자, 신탁재산을 관리, 운용하는 금융기관 등의 수탁자, 사망 후에 지정된 상속인 또는 제삼자가 되는 수익자로 구성된다. 수익자의 경우 위탁자 생전에는 위탁자 자신이 될 수도 있다.

유언대용신탁의 목적은 '유언장 없이도 사후 재산 이전이 자동으로 이루어지도록 하는 것'이다. 「신탁법」 제59조 유언대용신탁에 그 근거를 둔다.

신탁법 제59조(유언대용신탁)

① 다음 각 호의 어느 하나에 해당하는 신탁의 경우에는 위탁자가 수익자를 변경할 권리를 갖는다. 다만, 신탁행위로 달리 정한 경우에는 그에 따른다.
1. 수익자가 될 자로 지정된 자가 위탁자의 사망 시에 수익권을 취득하는 신탁
2. 수익자가 위탁자의 사망 이후에 신탁재산에 기한 급부를 받는 신탁

② 제1항 제2호의 수익자는 위탁자가 사망할 때까지 수익자로서의 권리를 행사하지 못한다. 다만, 신탁행위로 달리 정한 경우에는 그에 따른다.

최근 유언대용신탁에 관한 관심이 급증하고 시중은행에서 진입장벽을 낮춘 다양한 유언대용신탁 상품을 출시하면서 유언대용신탁 시장은 점점 확장하고 있다. 유언보다 유언대용신탁이 주목받는 이유는 무엇일까? 우선 상품 가입 절차가 많이 간소화되고 간편해졌다. 유언은 요건을 갖춰야 할 형식이 까다롭다. 일반적인 유언은 민법상 자필, 공정증서와 같은 유언의 형식을 지켜야 효력이 발생한다. 그에 반해 유언대용신탁은 수탁자인 금융회사와 계약만 하면 가능하다. 또한, 유언은 미리 해두기가 꺼려지는 단점이 있다. 대부분 죽음이 임박해서 유언을 하는 경우가 많거나 어떤 경우에는 유언을 하기도 전에 사망하기도 한다. 신탁은 치매나 질환으로 아프기 전에 미리 가입해 재산관리 방식을 지정해 둘 수 있다는 점에서 유언보다 미리 죽음에 대비할 수 있다. 즉, 생전관리가 가능하다. 생전에는 위탁자 본인이 재산을 관리, 운용하도록 하고

사망 시에는 그 재산이 수익자에게 넘어간다. 유언대용신탁은 유언의 효력을 대체하며, 사망 후에도 신탁계약의 내용대로 재산이 이전, 관리된다. 따라서 별도로 유언 검인 절차가 필요 없다. 또한 수익자를 상황에 따라 변경할 수 있어 유동적인 대비를 할 수 있다는 점도 장점이다.

❙ 유언대용신탁의 절차

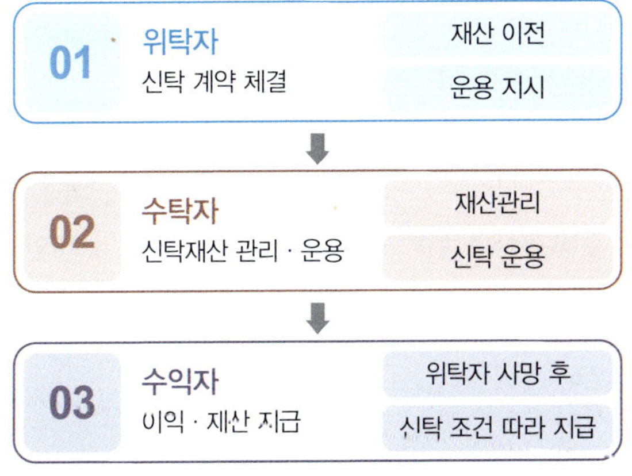

유언대용신탁의 핵심
유언 없이도 위탁자의 사망 후 재산을 원하는 대로 승계할 수 있는 제도
유언장 작성, 공증, 검인 절차 없이 간편하게 상속 준비 가능

신탁의 독립재산성

신탁의 독립재산성은 신탁제도의 핵심적인 법리다. 신탁재산은 수탁자의 고유재산과 분리되어 독립된 재산으로 취급한다. 위탁자가 신탁재산을 수탁자에게 이전하면 그 재산은 수탁자의 일반재산과는 별도로 독립한 법률상 재산으로 존재한다. 예를 들어 수탁자 A에게 빚이 있다고 가정해 보자. A는 어느 위탁자에게 신탁을 받아 약 10억 원을 운용 중에 있다. 이때 수탁자의 채권자 B가 나타나 A에게 빚을 갚을 것을 요구하며 신탁재산 10억 원에 대해 강제집행을 할 수 있을까? '아니다'가 결론이다. 수탁자의 채권자는 신탁재산에 대해 강제집행을 하거나 압류를 할 수 없다. 신탁재산은 위탁자뿐만 아니라 수탁자의 개인 채권자에게 집행이 불가능하며, 오직 신탁의 목적을 위해서만 사용 가능하다. 이는 신탁법 제22조에 근거한다.

신탁법 제22조(강제집행 등의 금지)

① 신탁재산에 대하여는 강제집행, 담보권 실행 등을 위한 경매, 보전처분(이하 "강제집행 등"이라 한다) 또는 국세 등 체납처분을 할 수 없다. 다만, 신탁 전의 원인으로 발생한 권리 또는 신탁사무의 처리상 발생한 권리에 기한 경우에는 그러하지 아니하다.

② 위탁자, 수익자나 수탁자는 제1항을 위반한 강제집행 등에 대하여 이의를 제기할 수 있다. 이 경우 「민사집행법」 제48조를 준용한다.

③ 위탁자, 수익자나 수탁자는 제1항을 위반한 국세 등 체납처분에 대하여 이의를 제기할 수 있다. 이 경우 국세 등 체납처분에 대한 불복절차를 준용한다.

법적으로 신탁재산은 완전히 독립된 재산 단위로 인정받으며 이는 신탁의 큰 장점이다. 신탁재산의 독립성은 신탁의 목적을 보호한다. 위탁자의 의도대로 신탁이 수행되도록 보장하며, 수탁자가 파산하더라도 신탁재산은 신탁목적의 수행에만 전념할 수 있게 한다. 또한 수익자를 보호하는 기능도 하는데, 수익자는 수탁자의 개인 채무로 인해 손해를 입지 않는다. 신탁재산이 독립적으로 보호되므로 금융기관, 개인 모두가 안심하고 신탁을 이용할 수 있다. 예를 들어 A가 자신의 재산을 B은행에 유언대용신탁으로 맡겼다고 가정해 보자. 수익자는 자녀 C다. 그런데 B은행이 갑자기 부도가 났다. 그럼에도 신탁재산의 독립성에 따라 A의 신탁재산은 B은행의 자산과는 별도로 보호되며 당연히 수익자인 C에게 안전하게 이전된다. 신탁법은 수탁자가 파산하더라도 신탁재산이 보호될 수 있도록 명확하게 명시하고 있다.

> **신탁법 제24조(수탁자의 파산 등과 신탁재산)**
>
> 신탁재산은 수탁자의 파산재단, 회생절차의 관리인이 관리 및 처분 권한을 갖고 있는 채무자의 재산이나 개인회생재단을 구성하지 아니한다.

수탁자가 파산하게 되면 법원이 새 수탁자를 선임하거나 기존의 수탁계약에 따라 예비수탁자가 신탁을 이어가게 된다. 신탁재산은 수탁자의 파산과 상관없이 계속 신탁의 목적에 따라 운용되며, 파산과 무관하게 수익자에게 이익이 귀속된다.

신탁재산은 원칙적으로 독립재산성이 인정되지만 예외적으로 제한되거나 침해되는 경우도 있다. 수탁자의 불법행위나 부당한 운용이 발생할 때 신탁재산의 독립성은 심각하게 침해받는다. 예를 들어 수탁자가 신탁재산을 자신의 고유재산과 혼합해 관리하거나, 신탁계좌가 아닌 개인계좌로 운용하는 경우이다. 이때는 신탁재산의 독립성이 사실상 무너진다. 수탁자의 채권자가 해당 재산에 대해 권리를 주장할 수 있는 여지도 발생할 수 있다. 또한 수탁자가 악의적으로 신탁을 가장한 '가신탁'의 경우도 문제가 된다. 신탁이 실제로 단순한 명의신탁이나 채권자 회피 목적의 위장신탁인 경우 법원은 그 신탁을 인정하지 않고 독립성을 부인할 수 있다. 즉, 실제적인 신탁이 아닌 경우는 법적 보호를 받지 못한다. 예를 들어 채권 추심을 피하기 위해 재산을 가족 명의로 신탁한 경우라면 신탁 자체가 무효로 판명될 가능성이 높다. 신탁이 범죄행위, 탈세, 채권자 사해행위 등을 위해 활용되는 경우 법원은 신탁 자체를 부인하고 신탁재산을 환수할 수 있다.

신탁 트렌드
2026

03

반려동물, 취미 등 특수목적 신탁

내가 죽고 나면 우리 강아지는?

어릴 때부터 늘 강아지와 함께 하던 집이었다. 적게는 한 마리, 많을 때는 세 마리를 동시에 키운 적도 있었다. 사실 한 마리, 두 마리 이렇게 표현을 하기는 했지만 마치 친구, 자녀와 함께하는 것처럼 가족이나 다름없었다. 2년 전에 마지막으로 한 친구를 떠나보내고 난 뒤부터는 새로운 반려동물을 들일 엄두를 내지 못하고 있다. 한번 키우기 시작하면 17년, 18년을 살다 가기 때문에 지금 오십이 넘은 내 나이부터 강아지를 키우면 앞으로 20년을 내다봐야 하는 긴 여정이기 때문이다. 생명을 책임지는 일은 그 생명이 꺼져가는 순간까지 함께해야 한다고 늘 생각해 왔다. 그 생각에는 지금도 변함이 없다.

2025년 기준으로 대한민국에서 반려동물을 키우는 인구수는 약 1,600만 명에 이른다고 한다. 이는 전체 인구의 약 30%에 해당하는 숫자다. 반려동물을 기르는 가구 수는 약 600만 구이며, 전체 가구의 약 27% 비율이다. 반려동물을 가족처럼 여기는 인식이 확산하면서 펫보험, 펫장례와 같은 상품과 문화도 빠르게 성장 중이다.

▎2020~2024년 반려동물 입양가구 현황

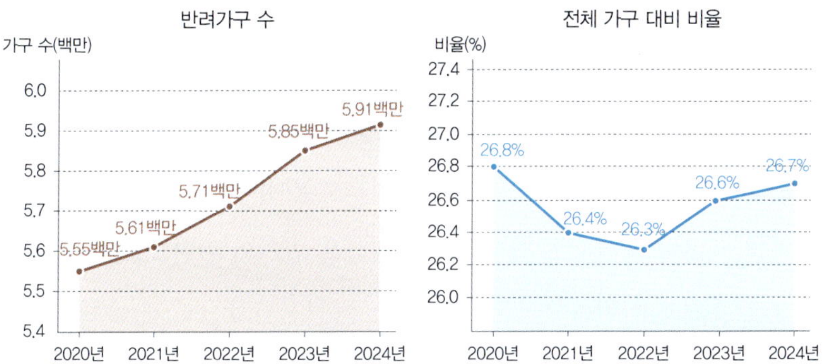

2020년부터 2024년까지 반려가구는 지속적으로 증가하여 2024년 말 기준 5.91백만 가구를 기록했습니다.
전체 가구의 약 26.7%가 반려동물과 함께 생활하고 있으며, 이는 안정적인 증가 추세를 보이고 있습니다.

반려동물이 살아 있는 동안 잘 돌보고 죽는 순간에는 잘 떠나보내고 싶은 마음은 모든 반려인들의 공통된 마음일 것이다. 하지만 내가 반려동물보다 먼저 죽는다면 어떻게 될까? 상상만으로도 끔찍하다. 홀로 남겨질 반려동물을 위한 어떤 조치라도 취하고 싶을 것이다. 미리 다른 가족에게 입양 의사를 물어보거나 동물을 사랑하는 지인을 수소문해서 맡아달라고 읍소할 수도 있겠다. 그런데 그런 절차를 진행할 새도 없이 보호자인 내가 갑자기 죽는다면?

미국의 반려동물 신탁제도와 사례

미국은 비교적 이른 시기부터 반려동물 신탁(Pet Trust)을 법적으로 인정해 왔다. 반려동물은 법적 권리능력이 없는 재산으로 간주하지만, 미국 대부분의 주에서는 특별법을 통해 반려동물을 위한 신탁을 허용하고 있다. 2016년 미네소타주를 마지막으로 미국의 전 50개 주와 DC에서 반려동물 신탁이 합법화됐다. 통일신탁법 제408조가 각 주에 도입되어 반려동물의 생존 기간 동안 신탁이 유효하도록 명시하고 있다. 뉴욕주법의 경우 반려동물 신탁을 명시적으로 인정하면서 동물이 모두 사망하면 신탁이 종료되고 과도한 신탁재산은 법원의 판단으로 조정될 수 있도록 규정하고 있다.

미국에서 가장 유명한 반려동물 신탁 사례는 호텔 재벌 리오나 헬름즐리(Leona Helmsley)의 사례다. 헬름즐리는 2007년 유언을 통해 자신의 반려견 말티즈 '트러블'에게 신탁기금 1,200만 달러를 남겼다. 그녀의 두 손자는 유산 상속에서 제외돼 큰 화제를 낳았다. 법원은 신탁금액이 과도하다고 판단해 200만 달러를 삭감했다. 헬름즐리는 트러블을 돌보는 수탁자로 친오빠를 지정했는데 그녀의 오빠는 이를 거부했다. 결국 전문 위탁관리인이 헬름즐리의 반려견을 돌보게 되었고, 반려견 트러블은 플로리다의 헬름즐리 소유의 호텔에서 호화로운 돌봄을 받으며 여생을 보내게 된다. 트러블이 2011년 사망하자 남은 신탁재산 200만 달러는 헬름즐리 자선신탁으로 귀속되어 ASPCA와 같은 동물단체에 기부됐다. 이 사례는 법원이 개입해 신탁재산을 조정할 수 있다는 점과 신탁을 통해 반려동물의 생애주기 동안 사적 복지가 이루어질 수 있음을 보여주는 극단적 사례다.

코미디언이자 TV호스트인 조안 리버스(Joan Rivers)는 생전부터 그녀의 반려견 네 마리를 위해 신탁을 설계했다. 신탁의 내용에는 뉴욕 맨해튼과 캘리포니아에 있던 반려견들의 보호자 지정과 비용 충당을 명시했다. 유산의 대부분은 딸 멜리사와 손자에게 남겼으며, 반려견 돌봄은 별도로 재원과 지침을 남긴 상태였다.

일본의 반려동물 신탁제도와 사례

일본의 반려동물 신탁은 '펫신탁'이라는 제도로 존재한다. 보호자의 사망 또는 무능력 상태를 대비해 신탁계약을 통해 반려동물을 위한 양육비, 돌봄을 확보하고 양육자를 지정해 두는 방식이다. 일반적으로 '가족신탁'이라는 틀 안에서 반려동물 돌봄을 위한 신탁 설정을 하는 경우가 많다.

과거에는 반려동물에게 직접 재산을 남길 수 없었기 때문에 부담부유증(민법 제1002조)이나 사인증여(민법 제554조)의 형태로 "누구에게 재산을 줄 테니 그가 동물을 돌보라"는 간접적 방법을 활용해 왔다. 그러나 이 방식은 이행 감독 장치의 부재로 수증자가 실제로 동물을 돌보는지 확인하거나 강제할 수가 없고, 유증을 받는 사람이 거부할 가능성도 있어서 실효성에 한계가 있었다.

2006년 일본의 신탁법이 개정되면서 무수익자 목적신탁의 개념이 도입되었고, 반려동물을 위한 신탁 설계가 법적으로 가능해졌다. 다만 그

존속기간을 최장 20년으로 제한하고 있어, 장수하는 반려동물의 평생 돌봄과는 다소 괴리가 있는 점이 지적되고 있다. 실제 일본 「동물 애호 및 관리에 관한 법률(약칭 : 동물애호관리법)」은 반려동물의 종신사육을 의무로 규정하고 있다. 신탁법의 20년 제한과는 충돌되는 지점이다. 그럼에도 불구하고 법 개정 이후 반려동물 신탁 상품과 서비스는 다양하게 등장했고 많은 사회적 관심을 받고 있다.

일본에서는 미국처럼 유명 연예인이나 재벌의 거액 반려동물 신탁 사례가 널리 알려지지는 않는다. 그러나 고령 1인 가구를 중심으로 실무적 형태의 반려동물 신탁이 활성화되고 있다. 일본 최초의 반려동물 신탁 서비스인 '러브 포치 신탁(ラブポチ信託)[1]'은 일본펫트러스트협회와 공익법인이 제휴해 출시한 대표적인 반려동물 신탁 상품이다. 이 신탁 상품의 주된 서비스 내용을 살펴보면, ① 만약 보호자가 사망하여 남은 가족이 돌볼 수 없게 될 경우에도 반려동물이 안심하고 거주할 수 있는 장소와 자금을 제공하는 서비스, ② 만약 보호자가 병이나 사고로 돌볼 수 없게 되었을 때 반려동물이 안심하고 거주할 수 있는 장소와 자금을 제공하는 서비스, ③ 고령으로 보호자가 먼저 죽을 것을 우려해 돌볼 수 없게 되었을 때 반려동물의 돌봄을 지원해 주는 서포트 활동 등이 있다. 이 서비스는 고령자 또는 유서 작성자가 자신의 반려동물과 자금을 협회에 신탁하면 협약된 인증 NPO가 반려동물을 인수하여 평생 돌보며 신탁한 자금으로 돌봄비용을 충당하는 구조다. 유언대용신탁 또는 생명

1) https://j-pettrust.com

보험신탁 형태를 활용해 실행되며, 실행된 순간부터는 돌봄 제공기관에 정기적으로 비용이 지급되면서 동물의 상태를 감독하게 된다. 주 이용 고객은 독신 고령자들이며 자신이 사망 후에 홀로 남겨질 반려동물이 안락사되지 않고 안전한 곳에서 지낼 수 있도록 이 서비스를 이용하는 경우가 많다고 한다.

영국의 반려동물 신탁제도와 사례

영국은 명문 법률로 반려동물 신탁을 규정하고 있지는 않다. 하지만 전통적인 신탁법 원리에 따라 '목적신탁'의 하나로 반려동물 신탁을 인정해 왔다. 법률에서 수탁자, 수익자 원칙상 동물은 수익자가 될 수 없기 때문에 강제성 있는 집행은 불가능하지만 수탁자의 양심에 의존하는 '명예신탁(Honorary Trust)'의 형태로 반려동물 신탁을 허용해 왔다.

영국에서도 반려동물에게 거액의 재산을 남겨 화제가 된 사례가 있다. 골동품 수집가이면서 부동산 거부였던 벤 레아(Ben Rea)는 1988년 사망하면서 자신이 기르던 고양이 15마리에게 평생 모은 재산 대부분을 남겼다. 그중 마지막 생존 고양이였던 '블랙키'가 약 725만 파운드(당시 환율로 약 120억 원)를 상속받아 세계에서 가장 부유한 고양이로 기록되어 기네스북에 올랐다. 벤 레아는 유언장에 블랙키의 돌봄을 맡을 집사 겸 수탁자를 지정했고 나머지 재산은 동물자선단체에 기부한다고 명시했다.

최근에는 2019년 유명 패션 디자이너였던 칼 라거펠트(Karl Lagerfeld)가 사망하면서 반려묘 '슈페트'에게 막대한 유산을 남겨 이슈가 됐다. 그는 유산의 일부를 돌보미를 통한 신탁의 형태로 물려주었다. 또 다른 패션 디자이너 알렉산더 맥퀸(Lee Alexander Mcqueen)도 2010년 유서로 반려견들을 위해 5만 파운드(약 8천만 원)의 신탁기금을 마련하기도 했다. 이 금액은 매년 반려견들의 식사와 병원 치료에 사용되도록 지정됐다.

이렇듯 영국에서는 법률상 제도화된 반려동물 신탁제도는 아니지만 유언신탁이나 명예신탁의 형태로 반려동물에게 재산을 할당하는 관행이 있다. 수탁자는 주로 가족, 친구, 개인 변호사가 맡으며, 때로 동물보호단체가 맡아서 수행하기도 한다. 신탁문서에는 동물의 먹이, 의료, 거처에 관한 구체적인 지침이 작성돼 있다.

문화재 관리, 취미 자산도 신탁이 된다

사회가 발전하고 세분화되면서 새로운 신탁 상품에 대한 요구도 늘었다. 수요가 있으면 공급도 생기는 법이다. 대표적인 분야가 문화재 관리 신탁과 취미 자산 신탁이다. 특히 문화재 관리 신탁은 최근 '케이팝 데몬 헌터스'의 인기에 힘입어 활성화될 가능성이 더욱 높아졌다. 한국의 문화유산이 고스란히 애니메이션 콘텐츠로 구현되면서 문화재 보존에 대한 인식도 더불어 향상되고 있기 때문이다.

획일적인 문화가 사라지고 좀 더 다양화 · 세분화된 문화가 각광 받으면서 취미도 다변화되고 그 개성을 존중받는 시대가 됐다. 오타쿠(한 분야에 지나치게 집중하거나 집착하는 사람) 문화도 이제는 콘텐츠가 되고 돈이 되는 시대가 됐다. 특유의 취미 자산으로 신탁을 설계하는 사람도 당연히 늘고 있다.

국민 참여 확대로 이어질 수 있는 문화재 관리 신탁

문화재 관리 신탁은 신탁제도를 활용해 문화재의 보존, 관리, 활용을 전문기관에 맡기는 제도다. 문화재의 소유자(위탁자)가 문화재를 보존, 관리할 능력이나 전문성이 부족하다고 판단될 경우 신탁회사나 공공기관이 그 관리권을 위탁하는 방식이다. 신탁법상의 재산의 독립성과 전문 관리 기능을 문화재 보호에 적용한 사례로, 문화재 보존을 위한 신탁제도는 활발히 활용되고 있다.

문화재 관리 신탁의 구조는 문화재를 소유하거나 관리하고 있는 위탁자, 문화재보호재단 또는 신탁회사와 같은 문화재 관리 전문기관인 수탁자, 문화재의 공익적 가치를 얻을 수 있는 사회 전체 또는 개인의 수익자로 구분된다.

문화재 관리 신탁의 주요 기능은 첫째, 문화재의 보존관리 기능이다. 전문기관이 문화재의 상태를 정기적으로 점검하고 수리하며 보존 계획을 수립, 실행한다. 둘째, 활용관리 기능이다. 문화재를 전시, 교육, 관광 자원으로 활용하고 문화적 가치를 극대화할 수 있도록 계획, 관리한다. 셋째, 법적인 보호 기능이다. 신탁받은 문화재는 신탁재산의 독립성으로 인해 소유자의 파산, 채무 등으로부터 보호된다. 넷째, 후대로 이전하는 기능이다. 위탁자의 사망 후에도 문화재는 신탁을 통해 지속적인 보존이 가능해진다. 이는 유언대용신탁의 기능과 유사하다.

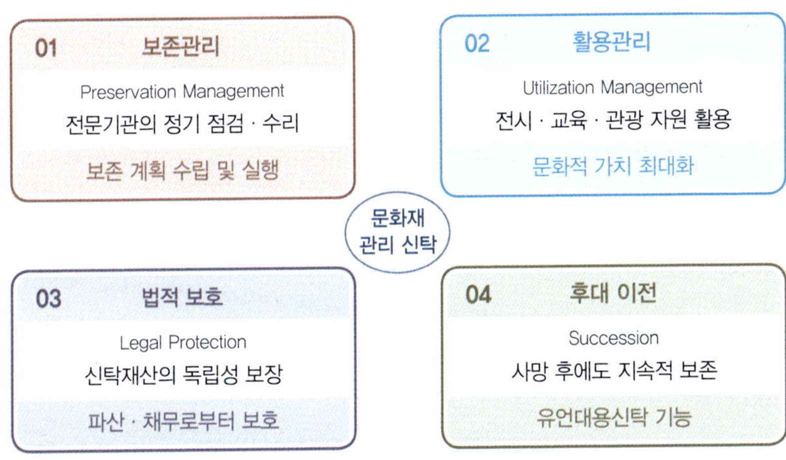

국내 문화재 관리 신탁의 대표적인 사례는 '문화유산국민신탁'이다. 2007년 설립된 특수법인으로, 보전 가치가 높은 문화유산을 민간의 참여로 취득, 보존, 관리한다. 문화유산국민신탁은 「문화유산과 자연환경자산에 관한 국민신탁법」(2006년 제정)에 근거하여 출범했다. 문화재청과 환경부의 지원 아래 국민, 기업, 단체로부터 기부받거나 위탁받은 재산을 활용해 문화유산을 매입, 보존하는 역할을 한다. 이는 정부에만 맡기던 문화재 관리를 시민의 힘으로 수행하겠다는 것으로, 영국 등의 모델을 참고해 계획, 실행됐다. 실제로 1895년 설립된 영국의 '내셔널 트러스트(National Trust)'는 영국에서 현재까지 25만 헥타르의 토지와 약 500여 채의 문화유산 건물을 보유할 정도로 성장해, 정부기관보다 더 많은 문화유산을 관리하고 있는 것으로 유명하다.

문화유산국민신탁이 매입, 복원해 관리하고 있는 대표적 건물로는 전남 보성군 벌교읍에 위치한 '보성여관(등록문화재 제132호)[2]'이 있다. 보성여관은 1935년에 건립된 근대문화유산으로, 조정래 작가의 대하소설 '태백산맥'에 나오는 역사적 장소이기도 하다. 2008년 문화유산국민신탁이 문화재청 지원을 받아 매입, 보수한 후, 2012년부터는 일반인 대상으로 여관 체험문화공간으로 활용하고 있다. 서울 종로구 통인동에 있는 '이상의 집(시인 이상의 옛집 터)[3]' 역시 문화유산국민신탁이 모금으로 매입한 첫 문화유산으로, 예술인들의 삶을 조명하는 특별한 공간으로 꾸며졌다. 원래 이곳은 다른 문화재단의 소유였으나 사업추진이 부진했고, 문화유산국민신탁이 2008년 이사회 논의를 통해 이 일대 지역을 문인과 예술인들이 작품활동을 했던 곳이라는 점에 주목하여 근대문화유산으로서 매입하기로 결정한 것이다. 문화유산국민신탁이 매입재원을 모으고 있다는 소식이 전해지자 국민은행이 3억 원을 지원하면서 매입이 급물살을 탔고, 2022년에는 전라남도 고흥군에 위치한 '죽산재[4]'를 증여받아 국민신탁을 체결했다. 1933년에 지어진 이 건물은 죽파 서덕봉(1860~1933년)이 서재로 쓰다가 그의 아들 월파 서민호(1903~1974년) 선생이 부친의 제실과 서재로 사용한 곳이다. 서민호

---

2) https://www.boseonginn.org/

3) https://nationaltrustkorea.org/faq/bestowal

4) https://nationaltrustkorea.org/faq/bestowal

선생은 조선어학회사건과 항일독립운동을 한 근대 역사적 인물이다.

이처럼 민간 신탁을 통한 문화재 보존은 그 자체로 의미가 크다. 직접 재원을 마련해 문화유산을 사들여 원소유주 대신 보존, 관리하고 더 나아가 문화적 활용을 극대화할 수 있다는 점에서 가치가 높다. 특히 정부 예산과 행정력만으로 보살피기 힘든 사각지대에 놓인 문화유산들을 시민 참여로 지켜낼 수 있다는 점에서 큰 의의가 있다.

그렇다면 문화재 관리 신탁이 앞으로 풀어야 할 과제는 무엇일까? 첫째, 국민 참여의 확대다. 현재 문화재 관리 신탁이 당면한 문제는 재원 확보와 인지도 개선이다. 민간 재원 확보와 기탁금을 늘리고 기업과 지자체의 참여를 확대해 위기에 놓인 더 많은 문화재를 신탁으로 보호하는 것이 중요하다. 둘째, 신탁의 다양화다. 지금까지는 주로 토지, 건물 등의 유형문화재를 다루었지만, 앞으로는 무형문화재의 전승 지원, 디지털 문화유산의 관리에도 신탁 개념을 도입하는 것이 필요하다. 이미 정부와 유네스코는 무형유산을 보호하기 위해 신탁기금을 운영하고 있다. 우리나라는 현재 총 23건의 인류무형유산 대표목록(Representative List)을 보유하고 있다. 184개 무형유산보호협약 가입국 중에서 중국(39건), 튀르키예(28건), 프랑스(26건)에 이어 네 번째다. 국내에서도 전통공예, 공연예술 등의 무형문화유산 보유자에 대한 지원금을 확대하는 등의 공익신탁화 작업이 시급하다. 셋째, 해외 사례와의 협력이다. 앞으로 해외 선진 신탁의 운영 노하우를 도입하고, 나아가 동아시아 문화유산 공동신탁 프로그램 등을 개발하여 국제협력사업을 전개해 볼 수 있다.

내 수집품도 취미 자산 신탁할 수 있을까?

'취미 자산'이란 취미 활동과 관련한 자산을 뜻하며, 미술품, 악기, 수집품, 희귀 도서, 음악 저작권, 와인, 클래식카 등을 말한다. 취미 자산 신탁은 취미 자산을 보호, 관리하거나 사후에도 그 가치가 유지되도록 하는 제도다.

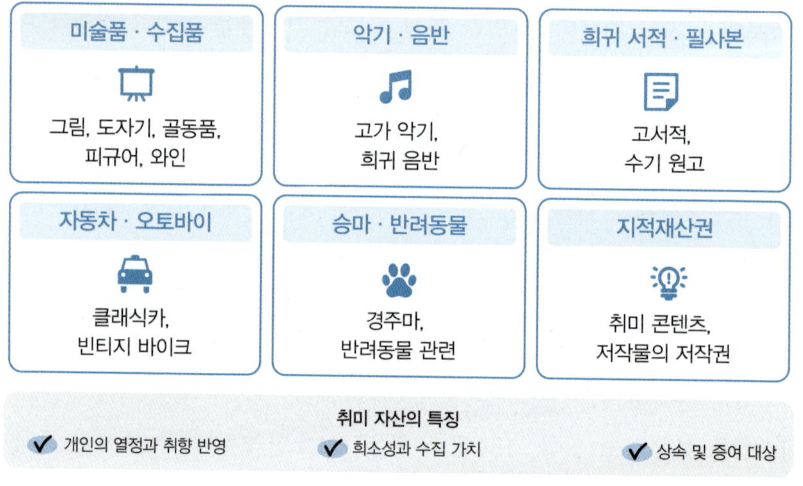

취미 자산 신탁의 활용 목적은 첫째, 자산의 보존과 진품 관리다. 전문가의 감정을 통해 진품을 확인하고 보관 환경을 유지하며, 보험 관리까지 진행한다. 둘째, 상속 설계다. 신탁을 통해 취미 자산을 관리하면 상속세를 절감할 수 있고 상속 분쟁을 예방하여 자녀 간에 공정한 분배가 원활히 이루어진다. 셋째, 기부와 문화재적 가치 계승이다. 공익신탁 형태로 예술재단, 박물관에 기부 또는 기증을 할 수 있다. 넷째, 사후 운영계획 수립이다. 취미 자산 신탁도 유언대용신탁처럼 사망 후에도 자산이 목적에 따라 사용되도록 설정할 수 있다. 예를 들어, 미술품을 소유한 위탁자는 미술품을 관리, 운용하는 신탁기관에 미술품을 맡기고, 본인이 사망하면 일정 기간 미술관에 기증하는 형태로 운용할 수 있다.

취미 자산 신탁의 활용
수집품의 가치를 지키고 미래로 전하는 신탁제도

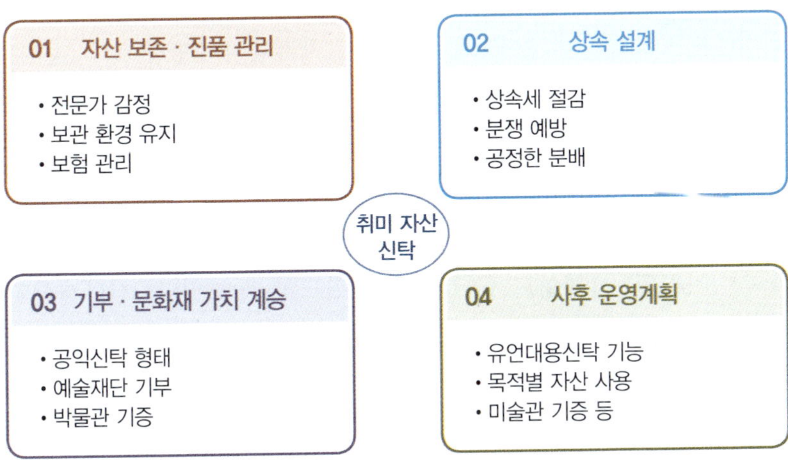

보존 · 상속 · 기부 · 계획

최근 MZ세대들은 미술품 수집에도 관심이 많다. 방탄소년단의 리더 RM은 미술품 컬렉터로도 유명하다. 이러한 추세에 발맞추어 시중은행도 미술품 전시, 관리, 신탁까지 총망라하는 '아트뱅크'를 표방하고 있다. 하나은행은 2020년 서울옥션 강남센터에 골드PB 전용 점포를 개설해 아트뱅킹을 위한 다양한 노력을 하고 있다. 더불어 고가의 미술품을 단순히 보유하는 것에 그치지 않고 신탁 형태로 운용하며 가치 제고와 투자형 자산으로써의 기능을 강화하고 있다. 실제로 하나은행은 2022년 을지로에 전문 수장고 '하트원(H.art1)'을 개관하여 고객들의 신탁 미술품을 전시했다. 이를 통해 작품은 예술시장에 알려져 가치가 더 높게 상승하는 효과를 누릴 수 있으며, 최종적으로 수익률을 높이는 효과까지 얻을 수 있다. 또한 조각투자 방식으로 다수 투자자에게 신탁 수익증권을 발행하여 기존의 단순 공동구매보다 안전성과 유동성을 높였다는 평가를 받았다. 2023년 3월에는 금융권 최초로 '미술품 동산관리처분신탁'을 출시해 선제적인 신탁 업무 체계를 구축했다.

2000년대 후반에 들어서면서 대체투자 수단으로 와인 붐이 일었다. 이에 편승해 와인 실물투자 신탁과 펀드도 생겼다. 2010년 도이치은행 계열 DWS에서는 '와인그로스 실물투자신탁'을 출시했다. SK네트웍스도 '사모(私募) 그레이트 빈티지 와인 펀드'를 선보였다. 신탁재산의 60% 이상을 프랑스 보르도산 와인 등에 투자해 와인을 매입, 보관하고 가격이 오르면 판매하는 구조였다. 이들은 일종의 특수목적 신탁으로, 와인 가치 상승에 따라 수익을 투자자에게 돌려주는 재테크형 신탁 사례다.

국내에서는 골동품, 클래식카와 같은 수집품 신탁 사례는 아직 두드러진 것이 없다. 해외의 경우는 '자동차 신탁'의 개념으로 클래식카 신탁이 알려진 바 있다. 미국의 한 자산가족법 전문가는 클래식카를 수집하는 고객을 위해 자동차 전용 신탁을 설계했다. 고객의 사후에도 가족이 계속 차량을 이용, 전시할 수 있도록 하고 차량 유지비용도 신탁에서 지급하도록 설계했다. 이러한 자동차 신탁은 취미 자산인 클래식카를 보호하고, 일반재산과 분리해 상속 관리를 용이하게 한 사례다.

취미 자산 신탁은 아직 국내에 널리 알려진 개념은 아니다. 하지만 미술품 등 예술품에 관심을 갖는 다양한 계층이 발생하면서 미술품 신탁과 같은 취미 자산 신탁에 대한 관심도도 더불어 증가하는 추세다. 취미 자산도 상속 설계 차원에서 적극적으로 활용할 수 있으며 해외의 사례처럼 국내의 취미 자산 신탁도 새로운 신탁 서비스로 발전할 가능성이 크다.

04

장애, 치매 등 특수부양신탁

특수 재정 계획이 필요한 장애인신탁

어릴 때 일본에서 잠시 살았던 적이 있다. 일본 초등학교는 한 반에 장애인 친구를 꼭 1명 정도 구성해 다른 친구들과 함께 어우러져 생활하게 했다. 몇 교시 수업은 함께하고 1시간 정도의 수업은 따로 장애인 친구들끼리 모여서 수업을 진행했다. 지금 생각해 보면 그게 특수학급이었던 것 같다. 귀국하고 한국의 초등학교로 전학을 오니 장애인 친구들을 아예 볼 수가 없었다. 우리 학교만 그랬는지는 모르겠지만 나중에 다른 학교 출신 친구들에게 물어보니 상황은 비슷했다고 한다. 나이가 들어 한 단체에 들어가 장애인인식개선 활동을 했다. 장애인단체도 찾아가 보고 프로그램도 함께하면서 장애를 가지신 분들을 뵙게 됐다. 그중에는 휠체어를 타야만 이동이 가능한 분도 계셨고 발달장애를 가진 자녀를 둔 부모들도 계셨다. 그때 발달장애를 둔 부모님들에게서 가장 많이 들은 이야기는 '우리 애가 나 없이도 혼자 살아갈 수 있게 사전에 조치를 취하는 것'과 관련한 것이었다.

우리나라는 아직까지 장애인에 대한 인식이 부족하다. 앞서 말한 것처럼 일상에서 잘 볼 수 없으니 인식 자체가 아예 없다고 해도 과언이 아니다. 그럼에도 어느 해부터인가 유명 연예인들이 가족 중에 장애인 가족이 있음을 밝히고, 장애를 가진 사람들이 인스타그램, 유튜브에서 활동하면서 점차 장애인의 일상과 고충이 사회에 조금씩 알려지고 있다. 다행이면서도 좀 더 많은 관심과 응원이 필요하다고 여긴다.

장애인신탁과 유언대용신탁의 차이

장애인신탁은 장애인 당사자와 장애인 가족들이 직면한 여러 문제를 해결하는 중요한 신탁제도다. 장애인신탁은 장애인을 위한 복지적 목적의 신탁 형태로, 장애인의 생활 안정과 복지 향상을 위해 특별한 법적, 제도적 보호를 받는 신탁이다. 따라서 수익자의 조건은 「장애인복지법」상 등록된 장애인이어야 한다. 장애인의 부모, 가족 등 보호자가 위탁자가 되어 재산을 맡길 수 있다. 또는 장애인 본인이 직접 신탁 설정을 할 수도 있다. 부모가 장애인을 위해 장애인신탁에 재산을 증여할 경우 최대 5억 원까지 증여세가 면제된다. 또 신탁 이익에 대한 소득세 일부도 감면 혜택을 받을 수 있다. 단, 운용 목적은 철저히 제한된다. 장애인 신탁재산은 장애인의 생활비, 치료비, 복지 관련 비용으로만 사용할 수 있고, 목적 외 사용은 금지된다. 한국에서 장애인신탁을 운영하는 기관은 신한은행(신한 S Life Care 장애인 신탁), 하나은행(장애인신탁), IBK기업은행(IBK 함께하는 장애인신탁), KB국민은행(KB장애인 평생케어신탁) 등이 있다. 장애인신탁의 가장 큰 목적은 부모가 사망한 이후에도 장애를 가진 자녀에게 생활비, 간병비가 꾸준히 지급되도록 설정하는 것이다. 장애인의 주거 안정과 치료비 지급을 위해 수탁자가 관리한다. 지적장애나 발달장애로 장애인이 직접 운용하기 어려운 자산을 전문 수탁기관이 대신 맡아서 관리한다.

장애인신탁의 사전 준비를 위해 위탁자는 신탁의 목적과 재산의 종류, 규모를 결정한다. 그다음으로 수탁기관을 결정해야 하는데 은행, 신탁회사, 생명보험사 등 신탁업 인가기관 중에서 선택한다. 신탁계약을 체결할 때는 신탁의 목적, 신탁재산 내역(현금, 부동산, 유가증권 등)을 쓰고 수익자인 장애인의 인적사항을 적는다. 신탁 종료 사유와 잔여재산 처리 방식을 쓰고 지급 방식도 결정해 기입한다. 계약이 체결되면 수탁기관은 자산을 운용하고 신탁계약에 따라 장애인의 생활비, 의료비 등을 정기적으로 지급한다. 수익자의 사망, 신탁기간 만료, 목적 달성 등이 이루어지면 신탁은 종료된다. 만약 잔여재산이 발생한 경우, 위탁자의 지정에 따라 상속인에게 최종적으로 귀속된다.

장애인신탁은 유언대용신탁과 어떻게 다를까? 먼저 장애인신탁의 목적은 장애인의 평생 복지 보장이다. 유언대용신탁의 목적은 사후 재산승계가 목적이다. 장애인신탁의 수익자는 장애인 본인에 한정되나, 유언대용신탁은 위탁자가 지정한 상속인 누구나 가능하다. 세제 혜택에서 장애인신탁은 유언대용신탁보다 큰 장점을 지닌다. 앞서 말했듯이 증여세가 최대 5억 원까지 면제 가능하다. 반면, 유언대용신탁은 별도의 세제 혜택이 없다. 운용 기간에서도 다소 차이가 있는데, 장애인신탁은 수익자 생존 기간 동안 신탁이 지속되며, 유언대용신탁은 위탁자 사망 후 종료가 가능하다. 장애를 가진 자녀를 둔 부모라면 당연히 유언대용신탁보다 장애인신탁을 선택하고 설계하는 것이 유리하다. 두 제도는 모두 신탁의 독립재산성을 기반으로 안정적인 재산 운용이 가능하지만 그 목적과 수익자 범위가 뚜렷하게 다르다.

장애인신탁 vs. 유언대용신탁
목적과 수익자 범위가 다른 두 가지 신탁제도

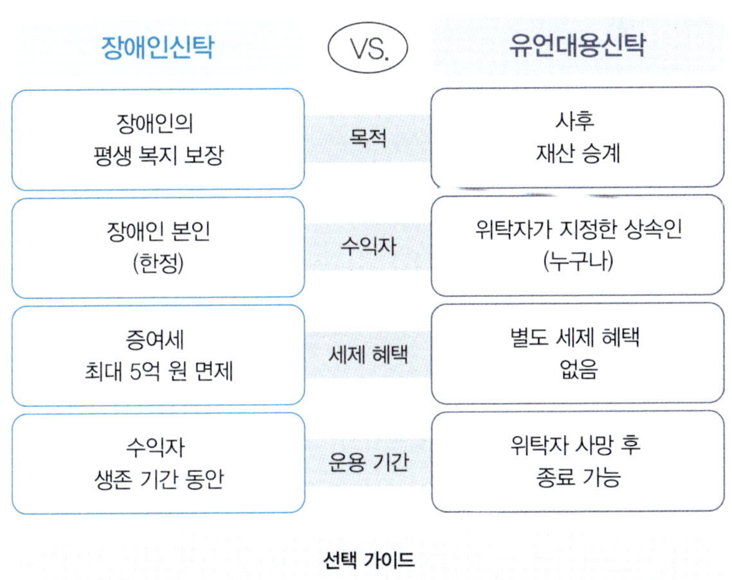

미국의 특수부양신탁(SNT) 개념과 사례

미국의 장애인신탁은 '특수부양신탁(SNT ; Special Needs Trust)'의 하나의 축으로 포함된다. 특수부양신탁은 장애인이나 장기적 부양이 필요한 사람, 예를 들어 중증 질환자, 노인 등을 위해 설계된 신탁제도다. 미국의 장애인은 특수부양신탁을 통해 정부의 복지 혜택은 유지하면서도 추가적인 경제적 지원을 받을 수 있다. 유형은 총 3가지로, 자기 출연인 1형(First Party SNT)은 장애인 본인의 자산으로 신탁을 설립하고 사망 시 남은 자산은 주 정부에 상환하는 조항이 있다. 타인 출연인 3형(Third Party SNT)은 부모, 친척 등 제삼자가 자산을 출연하는 신탁으로, 정부에 상환하는 의무가 없다. 이 유형은 상속 계획을 세울 때 자주 활용된다. 마지막으로 공동신탁(Pooled SNT)이 있다. 비영리단체가 여러 장애인의 자산을 모아 운용하는 시스템으로, 소규모 자산을 가졌을 때 유리하다. 개별 계좌로 관리되다가 사망 후 일부를 단체에 귀속시키는 것이 가능하다.

영화 '슈퍼맨'으로 한때 지구의 영웅이었던 배우 크리스토퍼 리브(Christopher Reeve)를 기억하시는가? 한참 활약하던 그는 1995년 불의의 낙마 사고로 전신 마비 장애인이 된다. 비록 특수효과이긴 했으나 하늘을 날고 우주를 날던 그가 장애인이 되었다는 소식은 큰 충격이었다. 그러나 슈퍼맨은 낙심하지 않았다. 그는 본인과 같은 장애인의 삶을 살아가는 사람들을 돕기 위해 그의 아내 데이나와 함께 '크리스토퍼 & 데이나 리브 재단'을 설립했다. 이 재단은 척수손상 치료 연구와 함께 장애인들의 재정과 생활 지원에도 힘썼다. 리브의 신탁 담당 전문가는 인터뷰를 통해 특수부양신탁이 장애를 가진 당사자와 가족을 보호하는 데 얼마나 큰 도움이 되는지를 알렸다. 이 사례를 통해 미국의 많은 장애인 가족들은 신탁으로 장애인 본인과 가족이 정부보조 혜택을 유지하면서도 추가 지원을 받을 수 있다는 사실을 알게 됐다.

미국 아이오와주의 척 그래슬리(Chuck Grassley) 상원의원은 의사능력이 있는 장애인도 본인을 위한 특수부양신탁을 직접 설정할 수 있도록 「특수부양신탁 공정법(SNT Fairness Act)」을 발의하여 2016년 법이 통과되었다. 과거에는 부모와 조부모 등만 특수부양신탁의 설정이 가능했다. 그런데 이제 성년이 된 장애인 당사자도 스스로 신탁을 설계할 수 있게 된 것이다. 장애인 본인의 재산관리를 스스로 결정하고 계획할 수 있다는 점에서 입법 당시 오바마 대통령의 서명과 함께 초당적 지지를 받았다. 미국의 정치권의 특수부양신탁을 통한 장애인 지원은 적극적으로 이어지고 있으며, 실제 여러 공직자들이 장애 자녀나 친척을 위해 특수부양신탁을 활용하고 있다. 알래스카의 사라 페일린(Sarah Palin) 전 주지사도 다운증후군을 가진 자녀를 위해 특수부양신탁을 고려했고, 케네디 가문도 가족의 정신장애를 대비해 신탁을 설계한 사례가 알려져 있다.

나에게 치매가 안 온다는 보장은 없다

치매는 이제 흔한 질병이 됐다. 필자의 친할머니도 10년 동안 치매를 앓다가 돌아가셨다. 처음에는 가장 최근의 기억부터 잃으시더니 점점 손녀의 얼굴도 기억하지 못하셨다. 10년 간병을 고스란히 버틴 사람은 막내 고모였다. 아들 하나는 먼저 앞세우셨고 또 다른 아들 하나는 의지할 수 있는 아들이 아니었다. 그때의 10년 간병을 묵묵히 버틴 고모를 보면 지금도 존경심과 함께 애잔한 마음이 든다.

사람이 두려워하는 것 중 하나가 자신을 잃어버리는 것이다. 치매는 내가 인간이었다는 기억조차 앗아간다. 숫자도 잊고 이름도 잊어버린 사람이 스스로를 지킬 수 있는 방법은 하나도 없다. 오로지 곁을 지키는 보호자에 의지할 수밖에 없다. 100세까지 살게 됐다는 건 누구나 건강하게 100살까지 산다는 뜻이 아니다. 누구는 건강 수명이 50세 혹은 70세에 멈출 수도 있다. 그런 상태에서 100살까지 산다면 그에 대한 대비를 해야 한다.

일본의 성년후견제도는 왜 실패했을까?

한국보다 먼저 초고령사회를 맞은 일본은 노인의 고령 후기 자산관리 대책으로 2000년 4월 '성년후견제도'를 도입했다. 성년후견제도는 치매, 지적장애, 정신장애 등으로 판단능력이 부족한 성인을 대신해 그들의 재산관리와 법률행위를 도와주는 제도다. 또한 사기나 가족 간 분쟁으로부터 취약자를 보호하는 목적도 있었다.

성년후견제도는 법정후견제도와 임의후견제도의 큰 2가지 축으로 구분된다. 법정후견제도는 이미 판단능력이 떨어진 사람을 대상으로 법원이 후견인을 선임하는 제도다. 후견인으로는 주로 변호사, 사단법인, 사회복지사가 주로 지정된다. 한편, 임의후견제도는 아직 건강할 때 본인이 미리 신탁처럼 계약으로 후견인을 지정한다. 가족, 신뢰할 수 있는 친구나 지인 등이 후견인이 된다. 이들 후견인의 활동을 감시하고 보고를 받는 역할도 따로 있는데 후견감독인이 그 역할을 하며, 가정재판소가 임명한다. 후견인의 주요 업무는 예금관리, 부동산 처분, 공과금 납부와 같은 각종 금전 관리와 병원 · 요양병원 계약과 체결, 보험금 수령, 세금 · 법적 서류 대리 업무 등이 있다. 후견인은 가정재판소에 연 1회 보고 의무가 있다.

그런데 성년후견제도는 생각보다 성공하지 못했다. 제도가 만들어진지 20년이 지났지만 성년후견제도를 이용하는 사람은 극히 드물다. 왜 그럴까. 가장 큰 이유는 이용방법이 까다롭고 비용 부담이 크다는 데 있었다. 후견 개시를 할 때는 법원 심사와 의료진 진단 등 절차가 많다. 연 10~30만 엔가량의 비용이 발생한다는 점도 부담으로 작용했다. 후견인이 횡령하는 사례도 발생했다. 무엇보다 이미 치매가 발병된 후에 개시할 수 있는 사후형 제도는 시기적 문제가 많았다.

한국의 후견인제도도 문제에 봉착하긴 마찬가지다. 가장 빈번히 발생하는 문제는 후견인의 갈취사건이다. 가족, 친인척이 후견인으로 지정되면서 돌봄을 해야 할 후견인이 도리어 재산을 갈취하는 범죄자가 되는 경우다. 법원의 후견감독관은 스무 명도 안 된다. 이들이 해마다 처리해야 하는 후견감독사건은 2023년 기준 4,000건이 훌쩍 넘는다. 한국은 친족이 후견을 맡는 경우가 대다수다. 그래서 후견감독관의 역할이 무엇보다 중요한데 인력은 한없이 모자라다.

일본의 치매머니와 치매신탁 프로그램

성년후견제도의 한계가 드러나자 일본 정부는 2019년 6월 종합대책인 '치매정책 추진대강'을 발표했다. 치매 예방과 치매와의 공생이라는 두 마리 토끼를 다 잡겠다는 선언이었다. 2023년에는 「치매기본법」을 제정했다. 치매 환자가 존엄을 지키며 희망을 갖고 살아갈 수 있도록 하는 것을 목적으로 제정된 법이다.

현재 일본의 65세 고령자 7명 중 1명은 치매라고 한다. 치매 환자의 증가는 의료비와 개호비(간병비)의 비용 증가를 일으킨다. 뿐만 아니라 경제 관리가 어려워진 치매 환자의 금융자산과 부동산 자산은 꼼짝없이 묶여버린다. 그렇게 묶인 동결자산, 즉 일본의 '치매머니(Dementia Money)'는 무려 2,400조 원(2020년 기준)에 이른다. 한국도 일본과 다르지 않다. 2025년 기준 한국의 치매 환자 수는 약 97만 명으로, 2023년 기준 한국의 치매머니는 약 154조 원으로 추정한다.

꽁꽁 얼어버린 치매머니는 여러 문제를 낳는다. 치매 환자는 인지능력이 없다. 통장, 신용카드, 인감도장을 분실하면 찾기도 어렵고 정리하기도 쉽지 않다. 이런 경우 돈이 있어도 인출할 수 없고 쓰지도 못하는 상황이 발생한다. 그렇다고 제삼자가 인출하는 것도 쉽지 않다. 또한 가족 간에 계좌이체, 출금이 어려워져 생활비나 요양비 마련이 지연된다. 은행이 치매 환자의 의사결정능력 저하를 이유로 계좌를 동결하는 경우가 있기 때문이다. 가장 큰 문제는 고령자 대상으로 사기, 악덕상술의 피해가 증가할 수 있다는 점이다. 소액이라도 자주 반복되면 자산의 손실로 이어진다.

일본은 치매머니의 발생을 예방하고 치매 환자의 자산에서 의료비를 충당할 수 있도록 하기 위해 가족신탁과 성년후견제도를 동시에 활용하고 있다. 가족신탁은 신뢰할 수 있는 가족 구성원에게 자산관리를 위임하는 신탁제도다. 예를 들어, 70세의 위탁자가 치매에 걸리기 전에 믿을 수 있는 자녀를 자신의 자산관리자로 지정하고 신탁계약을 맺는다. 수탁자인 자녀는 위탁자인 부모가 치매에 걸리면 그의 재산을 관리하고 처분하며 의료비를 지출할 수 있게 된다. 신탁계약을 할 때 초기비용이 발생하지만 가까운 가족을 수탁자로 지정할 수 있다는 점에서 일본의 상황에 잘 맞는다. 가족신탁은 주로 사설 신탁회사나 법무사들이 설계하며 최근 5년 사이 그 활용도가 급증했다. 일본의 신탁회사들은 이러한 수요에 발맞추어 가족신탁 지원 서비스를 제공하고 있다. 미쓰이스미토모 신탁은행은 가족신탁과 관련한 컨설팅, 신탁계좌 개설을 지원한다. 미즈호 신탁은행도 유사한 가족신탁 상품을 운용 중이다.

치매머니를 예방하고 줄이는 방법은 제삼자 인출을 용이하게 만드는 것이다. 도요타 신용금고는 2024년 9월부터 '대리인 예약 서비스'를 시작해 제삼자 인출이 가능하도록 서비스하고 있다. 예금주 본인과 지정 대리인이 은행을 함께 방문해 장차 예금주가 치매 등으로 판단능력을 잃게 되면 대리인이 계좌를 운영할 수 있도록 미리 등록하는 제도다. 대리인은 배우자나 2촌 이내로 제한된다. 이 서비스는 별도의 법원 절차 없이 일상적인 금융거래를 이어갈 수 있게 해준다는 점에서 환영받고 있다.

치매머니를 대비하려면 보다 적극적인 예방 체크리스트가 필요하다. 일단 고령자 본인이 아직 판단능력이 있을 때 믿을 수 있는 가족에게 자신의 돈, 자산관리 방식에 대해 사전 협의해 두는 것이 좋다. 통장, 신용카드, 인감도장의 위치를 미리 알려주고 관리 책임자를 정하고 정기적으로 자신의 자산 상태를 점검한다. 또한 후견인제도, 신탁, 보험 등 치매에 대비하는 제도적 보호장치를 알아보고 내 상황에 맞는 것을 미리 선택한다. 은행과 신탁회사를 방문해 대리인 등록(대리인 출금)이 가능한지 확인한다. 만약 치매를 진단받을 경우 의사 진단서 등과 같은 필요한 제도적 절차를 미리 확인한다. 가족과 본인 모두에게 치매가 왔을 때 돈이 어떻게 흐를 것인가에 대해서도 가상 시나리오를 작성해 문서화해 두는 것이 좋다.

| 치매머니 예방 체크리스트

한국의 치매신탁 제도 현황

일본이 앞서 겪은 상황을 한국도 비슷하게 밟아가고 있다. 2013년 성년후견제도를 도입했지만 실제 활용도는 미비한 실정이었다. 유교적 문화와 자산 공개를 꺼리는 문화로 후견 개시는 대중적으로 활성화되지 못했다. 한국의 치매노인은 후견인 없이 지내는 경우가 많으며, 일본처럼 재산이 묶이는 치매머니 현상이 급증하고 있는 실정이다. 이러한 문제의식 속에 2023년 국정감사를 통해 치매노인 재산관리 방안이 쟁점이 되기도 했다. 현재 한국은 일본처럼 특별법상으로 제정된 치매신탁 제도는 없다. 다만 기존 신탁상품을 활용하는 것으로 대응하고 있다.

한국의 대표적인 치매 대비 신탁은 현재까지 유언대용신탁이 그 자리를 대신하고 있다. 유언대용신탁은 살아생전에 금융기관을 지정해 자산을 맡기고 치매와 같은 질병으로 본인이 관리하기 어려워질 경우 신탁계좌에서 의료비, 요양비 등을 지급할 수 있다. 치매 환자가 사망할 경우 미리 정한 상속인에게 재산이 이전되는 방식이다. 2015년부터 국내 시중은행들은 유언대용신탁 상품을 운용하며 특약으로 '치매안심특약' 등을 부가적으로 서비스하고 있다. KB국민은행은 2025년 12월 'KB골든라이프 치매안심신탁'을 출시했다. 이 상품은 고객이 중증 치매 진단 시 사전에 지정한 계좌로 자산이 이전되도록 하며, 사망 시에는 남은 재산을 지정한 수익자에게 이전할 수 있다.

저출산고령사회위원회의 전수조사에 따르면, 2050년까지 한국 치매 노인의 총자산 규모는 488조 원에 이를 것이라고 한다. 현재까지 이 어마어마한 치매머니를 체계적으로 관리하거나 보호할 수 있는 대책은 아직 없다. 시중은행의 치매 대비 신탁은 고액 자산가 위주의 프로그램으로 설계돼 있어 대중적인 이용도가 떨어질 수밖에 없다. 2025년 6월 보건복지부는 '치매 환자 재산관리 지원 서비스 운영매뉴얼 개발'이라는 주제로 연구에 착수했다. 공공신탁 시범사업의 기반을 마련하는 작업이다. 정부가 나서서 공공신탁 제도의 구조를 기획하고 설계하는 중이다. 공공신탁의 영역이 어디까지 치매 대비를 위한 제도적 마련을 할지 지켜볼 일이다.

돌봄은 절대로 기계적으로 할 수 있는 영역이 아니다. 한 개인의 인생을 편안하게 마무리하려면 고려해야 할 점이 한두 가지가 아니다. 치매머니와 같은 돈 문제도 시급한 과제지만 안정된 시스템 안에서 편안한 노후를 설계할 수 있도록 구조를 만들어 주는 것이 더 중요하다. 일본의 앞선 사례는 우리에게 많은 시사점을 준다. 치매를 향한 선제적 대비의 중요성과 제도 혁신의 방향을 알 수 있다. 법적인 미비점은 보완하고 문화적 특성은 고려한 유연한 접근으로 치매신탁을 발전시켜야 한다.

05

가업승계신탁, 기부신탁, 기업신탁

가족 간 갈등을 줄이는 가업승계신탁 설계

가업승계신탁은 가족기업이나 개인사업체를 후계자에게 안정적으로 이전하기 위해 설계된 신탁제도다. 창업주나 기업 오너가 위탁자가 되어 자신이 가진 기업의 지분, 부동산, 영업권, 자금 등을 신탁회사인 수탁자에게 맡기고 후계자인 수익자에게 점진적으로 경영권과 이익을 이전하는 구조다. 즉, 가족기업의 경영권을 안전하게 물려주기 위한 특수목적신탁이다. 경영권의 공백을 방지하고 가족 간 분쟁 없이 가업을 다음 세대에 안정적으로 승계하는 것이 가장 큰 목적이라 할 수 있다. 최근 금융기관에서는 이를 유언대용신탁의 확장형으로 설계하기도 한다.

가업승계신탁의 개념과 구조

가업승계신탁의 위탁자는 기업의 창업주 또는 현재 대표다. 위탁자는 신탁을 설정하고 기업의 지분이나 부동산 등의 자산을 이전한다. 수탁자는 신탁을 관리, 운용하는 금융기관 또는 신탁회사이며 자산을 법적으로 보유하지만 위탁자의 의도에 따라 관리한다. 수익자는 기업의 후계자가 된다. 위탁자의 자녀일 수도 있고 별도의 지정인이 될 수도 있다. 신탁기간 중에 수익을 받거나 만기 후 자산을 이전받게 된다.

가업승계신탁의 주요 기능은 첫째, 경영권 승계다. 신탁계약에 따라 특정 시점 이후에 후계자가 지분을 취득할 수 있게 한다. 이는 기업주 본인의 은퇴 시기와 다음 세대의 경영 참여 시기를 조율할 수 있어 경영권 승계가 연착륙할 수 있다. 둘째, 조건부 이전이 가능하다. '후계자가 경영 수업을 완료하면' 또는 '창업주 사후에만' 등의 조건부 이전의 설정이 가능하다. 셋째, 세무 관리다. 가업승계신탁은 생전 증여와 상속세를 체계적으로 분산, 납부할 수 있도록 설계가 가능하다. 넷째, 가족 간 분쟁 예방이다. 신탁회사가 제삼자의 입장에서 계약을 진행하기 때문에 가족 간 분쟁이 완화되는 장점이 있다. 유언으로 상속할 경우 여러 차례 유언장을 변경하는 등으로 법적 분쟁이 생길 수 있지만 신탁은 계약에 의한 집행만 이루어지므로 절차가 신속하고 확정적이다. 또한 상속재산 분할로 인한 쪼개기가 없기 때문에 경영권 공백이나 지분 분산에 따른 경영 불안정을 막을 수가 있다.

가업승계신탁의 기능
안정적인 경영권 이전과 가족 분쟁 예방

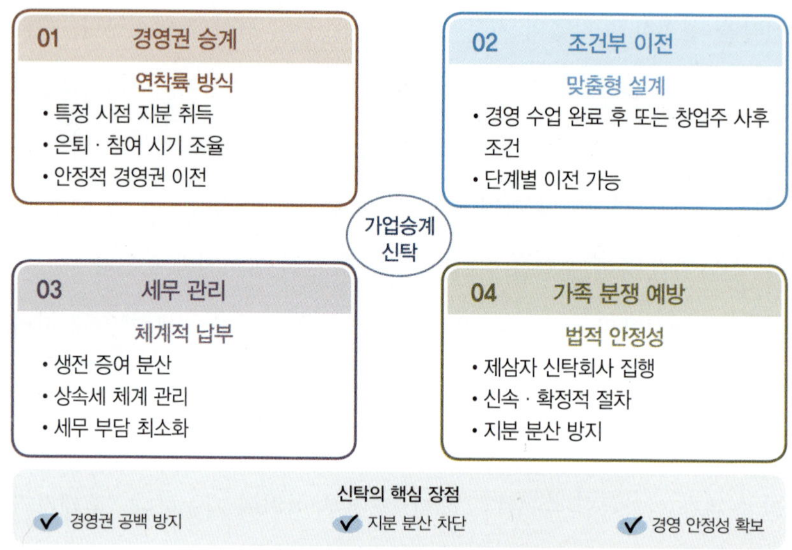

한국의 가업승계신탁 사례

2011년 「신탁법」 전면개정과 2013년 유언대용신탁의 허용으로 가업승계신탁에 대한 법적 기반이 마련되기 시작했다. 하지만 몇 가지 제도적 제약으로 크게 활성화되지는 않고 있다. 첫째, 「자본시장과 금융투자업에 관한 법률」상 현재 신탁된 주식의 의결권 행사는 최대 15%로 제한돼 있기 때문이다. 오너가 지분 대부분을 신탁에 넣는다고 했을 때, 의결권은 크게 감소한다. 즉, 신탁기간 중에 경영권 행사가 어려워지는 문제가 발생하는 것이다. 오너가 지분 70%를 가졌다고 하더라도 이를 신탁하면 의결권은 단 15%만 행사 가능하기 때문에 오너 입장에서는 생전에 신탁을 활용하는 것을 꺼리게 된다. 둘째, 가업상속공제 등 세제혜택과의 충돌이다. 상속세법상 가업상속공제를 받으려면 상속인이 10년 이상, 40% 이상의 지분을 보유해야 한다. 하지만 신탁에 주식을 맡긴 경우 보유기간 산정에 신탁기간이 포함되는지 불분명했다. 신탁회사가 명의상 보유한 기간을 상속인 보유로 볼 수 없다는 해석이 있어, 신탁을 쓸 경우 가업상속공제 500억 원 한도(2023년 개정으로 600억 원 상향) 등의 혜택을 상실하는 문제가 발생한다. 2022년 금융당국이 발표한 신탁업 혁신방안에서 이 문제를 인식해 관련법을 개정하고 있다. 전문가들은 의결권 제한을 완화하고 세제상 불이익이 개선되면 가업승계신탁이 앞으로 더 활성화될 것으로 내다보고 있다.

한국의 가업승계신탁을 공식적, 공개적으로 활용한 사례는 아직까지 많지 않다. 대기업은 주로 지배구조 개편, 지주회사 전환, 형제간 분할 등으로 승계를 진행해 왔으며 신탁은 활용하지 않았다. 몇몇 중소기업 오너들이 사적으로 신탁을 활용해 경영권 승계를 마무리했다는 사례는 있다.

사례 1

40년 동안 서울에서 사업체를 운영해 온 70세 A씨. 그에게는 아들이 둘 있는데 우애가 썩 좋지 않아서 걱정이다. 경영 수업을 받는 큰아들에게는 회사 승계와 경기도의 작은 땅을 물려주고, 직장을 다니는 작은아들에게는 서울 강남의 아파트와 선산을 물려주기로 하고 가업승계신탁을 계약했다.

사례 2

기술특허를 가진 제조업을 운영 중인 65세 B씨는 이혼한 전처 사이에 딸이 하나 있고 재혼한 부인 사이에 아들이 있다. B씨는 똑똑한 딸에게 회사를 물려주고 늦둥이 아들에게는 살고 있는 아파트와 보유한 부동산을 물려줄 생각으로 가업승계신탁을 계약했다.

위 사례처럼 가업승계신탁은 가족신탁의 성격이 강하다. 최근 시중은행의 가업승계 자문센터를 두드리는 기업 오너들이 늘고 있다. 아무래도 이혼, 재혼, 사별 등으로 다양한 가족관계가 확산되면서 고심하는 오너가 늘고 있다는 반증이기도 할 것이다. 국내 중소기업 CEO의 평균 연령이 50대 후반에 가까워진 것도 가업승계신탁을 고려하게 된 이유 중 하나다. 하지만 아직 제도 자체가 미비한 상태로, 완전한 의미의 가업승계신탁이 이루어지지 못하고 있다. 대신 유언대용신탁 형태로 기업주가 지분을 신탁하고 사후 승계하는 방식의 계약은 조금씩 체결되고 있는 중이다.

미국의 가업승계신탁 사례

미국은 가업승계신탁이 보편화된 나라다. 특히 초고액 자산가들, 패밀리 비즈니스를 하는 자산가들은 다양한 신탁기법을 통해 세금 절감과 지배권 유지를 달성하고 있다. 월마트 창업주인 월튼(Walton) 가문은 일찍부터 신탁과 재단을 활용한 경영권 승계 전략을 짰다. 2003년 이후에는 일가 중 한 사람이 무려 90억 달러에 이르는 주식을 여러 신탁에 이전하기도 했다. 이 신탁들은 표면적으로 자선단체에 기부하는 형식을 띠었지만 실제로는 상속인들에게 증여하는 재산을 세금 없이 물려주기 위한 것이었다. 이러한 신탁 방식을 통해 월튼 가문은 수십억 달러에 달하는 상속, 증여세를 절감했고 월마트의 주식 지분을 안전하게 확보하는 데에도 성공하여 현재 약 45%의 지분을 유지하고 있다.

자동차로 유명한 포드(Ford) 가문도 가업승계신탁을 적극적으로 활용했다. 포드 가문의 후손들은 상장 과정에서 의결권이 높은 클래스B 주식(클래스B 주식 1주는 일반 클래스A 주식 1주보다 20~29배 이상의 의결권 행사)을 가족에게 남기고 대부분의 보통주는 시장에 공개하거나 재단에 출연한다. 이 클래스B 주식은 신탁을 통해 일괄적으로 관리되며, 이사회 의석 40%를 선임할 권리를 가족신탁이 행사한다. 포드 가문은 이런 방식을 통해 지분율은 낮아도 경영권을 계속 행사할 수 있는 구조를 만들었다. 그 외에도 페이스북 창업자 마크 저커버그도 자녀들에게 자신의 주식을 신탁을 통해 증여해 세금 부담을 낮췄다.

이처럼 미국의 많은 자산가들은 가업승계신탁을 통해 가족재산을 보존하고 관리하는 방식을 취하고 있다. 신탁은 승계 플랜의 핵심 도구로 작용하며 각종 판례와 세법이 그 유연성을 인정하고 있다. 다만 각 주마다 신탁, 상속세법이 다르기 때문에 전문가의 정확하고 세밀한 법률 자문이 필요하고, 신탁 남용을 막기 위한 과세당국과의 줄다리기도 있는 편이다.

기부신탁이라는 말 들어 보셨어요?

기부신탁은 재산을 공익적 목적으로 사용하기 위해 신탁의 형태로 설정하는 제도다. 여기서 공익적 목적이란 교육, 복지, 문화, 환경보호 등을 말한다. 위탁자가 자신의 재산을 공익적 목적을 위해 수탁자에게 맡기고 그 운용 수익이나 재산 자체를 사회에 기부하는 형태의 신탁이다.

기부신탁의 개념과 구조

기부신탁의 출발은 위탁자의 '사회에 기여하고 싶다'는 마음가짐으로부터 시작한다. 위탁자가 보유한 재산을 신탁으로 설정해 수탁자가 위탁자의 목적에 맞게 관리, 운용한 뒤, 정해진 목적에 따라 공익단체나 사회에 기부한다. 단순한 기부와 달리 전문적인 관리와 계획적 기부가 가능한 형태의 공익신탁이다. 기부자인 위탁자는 자신의 재산을 사회에 환원하고자 하는 사람이다. 수탁자는 위탁자의 뜻에 따라 재산을 관리, 운용하며 기부 목적을 실현하는 기관이다. 수익자 또는 기부대상자는 공익재단, 비영리단체, 사회복지시설, 대학 등 공익의 목적을 수행하는 주체가 된다.

기부신탁의 특징은 첫째, 전문적 관리가 가능하다는 점이다. 수탁기관이 재산을 안정적으로 운용하므로 위탁자는 기부 목적을 장기적으로 투명하게 실현할 수 있다. 둘째, 유연한 설계다. 생전 기부, 사후(유언 대용) 기부, 일부 수익만 기부 등 다양한 방식으로 신탁 설정이 가능하다. 셋째, 투명성과 신뢰성이다. 신탁회사가 공신력 있는 주체로 참여하기 때문에 기부금의 사용처가 명확하게 공개된다. 넷째, 세제 혜택이다. 공익법인에 기부신탁을 하는 경우 일정 부분 세금공제 혜택을 받을 수 있다.

기부신탁의 특징
전문적이고 투명한 기부 실현

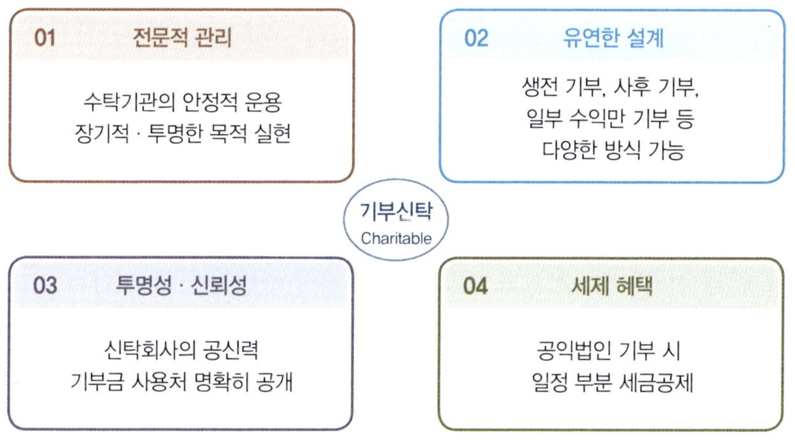

신탁을 통한 체계적이고 지속 가능한 기부 실현

시중은행들은 다양한 기부신탁 상품을 운용하고 있다. KB국민은행은 'KB위대한유산 기부신탁'이라는 제목으로 만 19세 이상 개인을 대상으로 기부신탁 상품을 운용하고 있다. 하나은행도 기부신탁 상품을 운용 중인데, 최근에는 간송미술문화재단과 유산 기부 활성화, 문화예술 가치 확산을 위한 업무협약을 체결하는 등 다양한 성과를 내고 있다. 하나은행 신탁 상품에 가입한 고객이 사후 유산을 기부하기로 약정하면 간송미술문화재단은 그 기부금을 한국 문화유산의 연구, 교육, 보존, 전시 등에 활용한다. 하나은행은 기부처를 문화 분야로 확대해 기부문화를 더욱 확산시키겠다는 전략이다. 우리은행도 '우리나눔신탁'이라는 기부 · 상속 결합신탁 상품을 출시했다. 대한적십자사와 '우리내리사랑 신탁서비스 공동마케팅' 업무협약을 체결해 기부를 희망하는 고객이 자산계획에 맞춰 기부신탁 설계를 할 수 있도록 금융 솔루션을 제공한다. 기부자는 신탁계약을 통해 학교나 병원 등 원하는 기부처를 연속 수익자로 지정할 수 있다.

금융기관의 기부신탁 상품은 기부자가 생전 또는 사후에 기부처를 지정할 수 있는 구조가 많다. 또한 고액 자산이나 부동산, 유가증권 등 다양한 재산을 신탁재산으로 설정 가능하다. 하지만 신탁상품은 예금자보호 대상이 아닐 수 있기 때문에 원금 손실이 발생할 수 있다는 점도 고려해야 한다. 기부처를 미리 지정하고 신탁계약서 등에 명확히 기재해야 기부자의 뜻이 제대로 반영될 수 있다. 세제 혜택과 기부금 공제 가능 여부는 관련 법이나 기부처 조건에 따라 다르기 때문에 전문가와의 상담을 추천한다.

장학재단과 복지재단을 움직이는 힘

우리나라 최초로 펀드형 기부를 실천한 한 부부가 2025년 2월 익산 소재의 한 장학재단에 유언대용신탁 10억 원을 펀드 형태로 기부해 또 한 번 큰 화제를 낳았다. 부부는 이번 기부가 단순한 일회성 지원에 그치지 않고 지속 가능한 교육 지원 모델을 구축하는 데 그 목적이 있다고 했다. 부부가 기부한 기부신탁 펀드는 그 운용 수익을 통해 경제적 어려움을 겪는 기부 지역의 학생들에게 지원이 될 예정이다. 부부는 "기부는 단순한 시혜가 아니라 사회와 함께하는 투자로, 나눔이 끊어지지 않고 계속 이어지길 바란다"라며 뜻을 밝혔다고 한다. 이들 부부는 앞서 2022년에도 서울 소재의 대학교 두 곳에 각각 10억 원, 20억 원 규모의 펀드를 기부했다.

미국의 장학재단 기부신탁은 다양한 방면에서 조성된다. 미국 석유·가스 산업 관련 단체(AAPL)가 만든 장학신탁은 미국 내 자연자원 관리 관련 대학생과 대학원생에게 연간 장학금을 지급하는 방식으로 운용된다. 1965년 설립된 국제여성낚시협회(IWFA)[5] 산하의 비영리공익신탁은 해양과학 분야 대학원생들에게 연구장학금을 지급하며 비과세 신탁으로 운영된다. 협회가 펀드를 모아 신탁에 예치하고, 그 이자 배당으로 장학금을 지급하는 구조다.

복지재단의 기부신탁 사례로는 2023년 한국 밀알복지재단에 유산기부신탁 형태로 A씨가 아버지의 유산 4,000만 원을 기부한 사례가 있

5) https://www.iwfa.org/

다. 하나은행이 신탁계약 상속인이 되어 부동산을 매각하고 현금화해 재단에 전달했다. 기금은 장애인 권익 향상을 위한 복지사업에 사용될 예정이라고 한다. 이 사례는 복지재단의 첫 유산기부신탁 사례로 꼽힌다. 아동복지재단인 초록우산어린이재단은 추모 기부 캠페인을 통해 기부신탁을 활용한다. 2024년부터 시작한 '아름다운 여운' 캠페인으로 온라인 추모 공간을 마련해 고인 유가족이 유산기부 의사를 밝힐 수 있는 채널을 운영하고 있다. 신탁을 통해 기부된 재원은 아동복지사업에 활용될 예정이다. 한국의 대표적인 공익모금단체인 사랑의열매도 기부신탁을 홍보 중이다. 하나은행과 협약을 맺고 고액 기부자에게 유언대용신탁 상품을 안내해 기부금이 신속하게 공익사업에 쓰일 수 있도록 지원하고 있다.

신개념 기부신탁 사례

사회가 다양화되고 세분화되면서 새로운 개념의 기부신탁 모델도 속속 등장하고 있다. 한국녹색성장신탁기금(KGGTF)[6]은 세계은행과 한국 정부가 공동운영하는 기술집약형 환경신탁기금이다. 2012년 출범했으며 IT, 환경기술을 활용해 개발도상국의 그린 성장 프로젝트를 지원한다. 최근 극심해지는 기후변화에 대응하고 지속가능 개발사업에 혁신적 솔루션을 제공한다. 이 기금은 일종의 ESG, 환경 연계 신탁으로 민

6) https://www.wbgkggtf.org/

간 기부와는 다른 방식의 정부 기금이 매칭되어 큰 규모의 프로젝트를 수행한다.

2025년 7월 한국 가상자산 거래소인 업비트를 운영하는 두나무는 집중호우 피해 지역 복구와 이재민 지원을 위해 5비트코인(BTC), 당시 가치 약 8억 원을 기부했다. 기부처는 사랑의열매로, 이재민 구호 물품, 임시 주거 지원, 생활용품 교체 등에 기부금이 쓰였다. 이러한 방식의 기부가 가능해진 것은 2025년 5월부터 비영리법인의 디지털 자산 거래가 허용되면서 디지털 자산 기부가 더욱 활성화되었기 때문이다. 그 첫 사례는 월드비전 기부다. 월드비전은 국제구호 개발 비영리 기구(NGO)로, 월드비전이 보유하고 있던 0.55이더리움(ETH)을 업비트를 통해 매각해 약 200만 원 상당액을 확보했다.

두나무가 운영하는 업비트와 사랑의열매는 2025년 8월 디지털 자산 기부문화 활성화를 위한 업무협약을 체결했다. 이 협약을 통해 업비트는 준법 자문, 비영리법인 임직원을 위한 디지털 자산 교육을 지원하고, 블록체인 기술, 디지털 자산을 다양하게 활용할 새로운 사회공헌 프로젝트를 발굴하기로 했다. 사랑의열매는 비영리법인의 디지털 자산 시장의 참여와 기부에 관련한 내부통제 기준과 가이드를 작성해 배포한다. 이러한 신개념 방식의 기부는 기술을 통한 새로운 나눔 문화를 확장하는 데 크게 기여하고 있다.

하지만 우려의 목소리도 있다. 국내 게임사 위메이드가 발행한 가상자산 위믹스가 상장폐지로 휴짓조각이 되면서 해당 코인을 기부받은 대학은 현금화할 길이 막혔다. 이는 디지털 자산 기부의 잠재적 리스크가 여실히 드러난 사례다. 디지털 자산 기부가 제대로 이루어지려면 확실하고 투명한 사전심사부터 기부 후의 사후관리까지 정교하게 이루어져야 한다. 또한 디지털 자산의 현금화 시점도 쟁점 중의 하나다. 금융당국은 즉시 현금화를 원칙으로 제시하고 있지만, 유동성이 큰 디지털 자산의 특징상 시장의 상황과 여러 사안을 고려한 유연한 현금화가 필요하다는 의견도 있다.

ESG 경영을 위한 신탁

ESG 경영 신탁은 기업의 환경(Environment), 사회(Social), 지배구조(Governance) 요소를 고려한 지속 가능한 경영을 신탁 구조로 지원하거나 실행하는 형태의 신탁을 말한다. 일반적인 신탁과 마찬가지로 투자자인 위탁자가 자산을 수탁자인 금융기관에 맡기면 수탁자는 신탁의 목적에 따라 자산을 관리 · 운용하고 그 수익을 수익자에게 돌려준다.

ESG 경영 신탁의 개념과 구조

ESG 경영 신탁은 기업이 ESG 원칙에 따라 경영활동을 수행할 수 있도록 수탁자인 금융기관이 자산을 신탁받아 지속 가능한 투자, 사회공헌, 투명한 지배구조 활동 등을 관리, 운용하는 제도다. 즉, 단순한 자산관리가 아닌 ESG 목표 실현을 위한 자금 운용과 관리의 수단으로 신탁이 활용되는 것이다.

주요 유형으로는 첫째, 환경(E) 관련 신탁이다. 환경 관련 신탁은 탄소중립 실현을 위한 재생에너지 프로젝트 펀딩 신탁, 친환경 건물과 인프라 투자 신탁, 탄소배출권 관련 자금관리 신탁이 있다. 둘째, 사회(S) 관련 신탁이다. 사회 관련 신탁은 사회적 기업, 장애인 고용 기업 등에 대한 지원 신탁이 있으며, 지역사회 공헌기금 운용 신탁, 사회복지기금, 재단자금의 ESG 운용 신탁이 있다. 셋째, 지배구조(G) 관련 신탁이다. 지배구조 관련 신탁은 경영 투명성을 높이기 위한 이익공유형 신탁, 주주권 행사를 통해 ESG 관점에서 기업지배 개선, 이사회 독립성 확보를 위한 거버넌스 개선 신탁 등이 있다.

ESG 경영 신탁의 유형
환경·사회·지배구조 책임 투자

ESG 경영 신탁의 효과는 먼저 단기 수익보다 장기적 기업 가치를 제고함으로써 지속 가능한 경영을 실현하는 것이다. ESG 인증이나 평가에서 높은 점수를 획득함으로써 투자자의 신뢰도 확보할 수 있다. 또한 환경과 사회 리스크에 대한 사전적 대응을 통해 위험 관리를 할 수 있다. 기부, 사회 환원, 공정거래 등과 연계해 사회적 책임을 강화하는 효과도 거둘 수 있다.

ESG 요소 반영 방식은 두 가지다. 첫째, 신탁 목적 자체가 ESG 공익 목적이 되는 경우다. 신탁을 통해 특정 환경, 사회문제를 해결하거나 공익사업을 지원하도록 설계한다. 이를 공익신탁이라고도 한다. 예를 들어 '환경 보호 기금 신탁', '사회적 취약계층 지원 신탁'처럼 신탁의 목적을 ESG 분야로 한정한다. 둘째, 자산운용 과정에서 ESG 투자원칙을 적용하는 경우다. 신탁재산을 운용할 때 ESG 평가가 우수한 기업의 채권이나 주식에 투자하는 방식을 말한다. 이러한 방식을 통해 기업은 재무적 수익을 창출하고 동시에 ESG 성과를 추구할 수 있다.

ESG 경영 신탁은 엄격한 투명성을 갖는다. 신탁재산의 관리와 집행 내역은 법무부에 정기 보고되며 일정 규모 이상의 신탁은 외부 회계감사를 받으며 별도의 신탁관리인이 감시한다. 은행이 직접 자금 운용과 집행을 수행하고 법무부의 감독도 받기 때문에 자금이 목적에 맞게 쓰일 수 있도록 거버넌스 체계가 확보된다. 또한 계약에 따라 다양하고 구체적인 ESG 목적을 설정할 수 있다. 장학, 사회복지, 문화예술, 스포츠, 환경보호 등 폭넓은 공익사업의 영역을 신탁의 목적사업으로 정할 수 있으며 위탁자가 원하면 특정 분야나 단체를 수혜처로 지정할 수 있다. 운용 수익도 유연하게 활용할 수 있는데, '원금+이익'의 구조로, 일정 부분의 이익만 기부하고 나머지는 재투자하는 방식으로 신탁을 운용할 수도 있다. ESG 경영 신탁이 공익신탁으로 출연한 금액에 대해서는 세제 혜택도 주어진다. 법인은 소득금액 10% 한도 내에서 비용처리가 가능하며 개인은 기부금 세액공제로 소득 30% 한도 내 15%, 초과분 30%를 받을 수 있다. 이러한 세제 혜택은 ESG 신탁을 통한 사회공헌을 장려하는 정책적 장치다.

ESG 경영 신탁의 사례

한국에서는 2015년 「공익신탁법」 시행 이후에 시중은행들을 중심으로 다양한 ESG 신탁 상품이 출시되어 운영 중이다. 은행들은 'ESG 사회공헌신탁', '친환경 투자신탁' 등을 출시해 기업의 사회공헌기금과 ESG 펀드를 신탁 구조로 관리하고 있다.

2025년 초에 하나은행은 '영웅견 후원신탁'이라는 공익신탁 상품을 출시했다. 은퇴한 경찰견, 군견, 인명구조견과 같은 소위 '영웅견'의 존재를 치하하고 이들의 의료비와 돌봄 비용을 지원하는 것이 목적이다. 자산가 개인 또는 ESG 경영을 실천하려는 기업 고객이 이 신탁 상품에 가입하면 운용 수익의 일부 또는 전부를 영웅견 지원금으로 활용하는 구조다. 영웅견 후원신탁은 2024년 말에 법무부 인가를 받았으며 공익신탁의 투명성 아래 고객 자산이 목적에 맞게 사용 및 운용되고 있다. 원금과 수익 사용을 유연하게 설계해 고객의 신탁자산 일부를 공익기부하고 나머지는 재투자하는 방식도 선택 가능하다.

KB국민은행은 2020년 7월 'KB생활SOC공익신탁'을 출시했다. 지역의 사회기반시설(SOC)의 운영자금을 마련하는 사회공헌 신탁이다. 개인이나 법인이 가입할 수 있으며, 고객이 맡긴 기부금 성격의 신탁자산을 은행이 운용하고 그 원금과 수익을 정부 또는 지자체가 건설한 도서관, 체육시설 등 생활SOC의 운영자금으로 전액 기부하는 구조다. KB국민은행은 서울 은평구, 경남 창원시, 전남 순천시 등 지자체와 협력해 시범 운영 후 전국으로 이 신탁 상품을 확대했으며 '사회 공익적 가치 실현과 기부문화 확산'이라는 슬로건을 내세웠다.

2015년 출시한 우리은행의 '청년희망펀드 공익신탁'은 청년 일자리 지원 기금으로 은행이 공익신탁의 형태로 기금을 관리, 운용했다. 청년의 취업기회 확대와 창업 지원을 위해 민간자금을 모아 운용한 사례로, 현재는 모집이 종료된 상품이다. 은행 임직원들이 급여 일부를 기부하거나 기업들이 출연한 자금을 신탁에 적립하는 방식으로, 이렇게 마련한 재원은 정부의 청년 취업 지원사업에 활용됐다.

ESG 경영을 위한 신탁과 공익신탁

ESG 경영 신탁과 공익신탁은 모두 사회적 가치를 실현하기 위한 신탁의 형태라는 공통점을 가지고 있다. 하지만 그 목적과 운용 주체, 법적 근거는 다르다. ESG 경영 신탁은 기업이 ESG 원칙에 따라 지속 가능 경영을 추진하기 위해 신탁제도를 활용하는 형태다. 공익신탁은 불특정 다수의 이익이나 공익적 목적(교육, 복지, 환경보호 등)을 위해 설정되는 비영리형 신탁이다. 이익 추구보다 사회적 환원과 기부의 성격이 더 강하다. ESG 경영 신탁은 법적 특수신탁 형태가 아니라 신탁법의 일반 규정 내에서 기업이 자율적으로 설계한다. 반면, 공익신탁은 법무부에 등록, 보고 의무가 있으며, 지정된 감독기관의 관리를 받는다.

ESG 경영 신탁과 공익신탁은 서로 접목돼 운영되기도 하며 이러한 사례는 유럽, 미국, 일본 등에서 이미 다양한 형태로 운영되고 있다. 영국은 공익신탁의 개념을 가장 먼저 실행한 국가다. 19세기 말부터 내셔널 트러스트(National Trust) 운동이 시작됐는데, 이는 자연유산과 문화유산 보전을 위해 설립된 국민 공익신탁이다. 초기에는 소수의 기부자로 출발했지만, 현재 영국 국민 360만 명 이상이 참여하는 거대한 단체로 성장했다. 내셔널 트러스트로 모금된 기금은 영국 전역의 경관 지역과 문화재 등을 매입, 보전하는 데 쓰인다. 시민들은 연간 회원권 구입부터 고액 기부까지 다양한 방식으로 기부에 참여하며, 참가자들은 지역 문화재 관리, 보존 캠페인 등에 직접 나서기도 한다.

미국은 '자선신탁(Charitable Trust)' 제도가 발달해 있다. 1986년 세제 개편을 통해 다양한 공익신탁 제도를 도입했다. 즉, 고액 자산가들이 자신의 재산을 신탁에 넣고 운용 수익의 일부를 연금처럼 받거나 아예 전액을 사회에 환원할 수 있도록 법제화한 것이다. 정부는 신탁을 통해 기부된 금액에 비례한 소득세, 상속세 감면이라는 파격적인 혜택을 제공했다. 이러한 방식을 통해 공익신탁은 부자들의 합법적 기부 통로이면서 절세 수단으로 자리 잡는 계기가 되었다. 그 결과 미국의 비영리 부문은 막대한 민간기금을 확보해 폭발적으로 성장한다. 그 대표적인 예가 석유 부호인 폴 게티가 만든 'J. 폴 게티 신탁(The J. Paul Getty Trust)'이다. 1953년 설립한 개인 신탁이 모태가 되어 미술관 설립과 예술품 보존 활동에 앞장서 왔다. 게티의 사후에도 신탁 이사회가 그 뜻을 이어받아 발전시켜 세계적인 예술재단으로 발전한 사례다. 현재 게티 신탁은 자산규모 약 110억 달러, 한화로 약 13조 원에 이르는 거대한 자선단체로 성장해, 매년 6조 원 이상을 문화예술 지원에 사용하고 있다. 이처럼 미국은 1조 원 이상을 운용하는 거대 공익신탁이 여럿 존재하며, 이들은 교육, 과학, 예술, 지역 커뮤니티 발전 등에 막대한 기부를 수행한다. 미국의 ESG 투자 측면에서는 ESG 전문 펀드, 트러스트 상품도 활발하게 운용되고 있지만 '신탁'이라는 용어는 주로 자산기금 운용에 사용되고, 일반적인 ESG 펀드들은 뮤추얼 펀드나 ETF 형태로 운영되는 경우가 많다.

일본은 1922년 신탁법 제정 시 공익신탁에 대한 일부 규정이 있었으며, 1977년 공익신탁제도를 본격적으로 도입, 2006년부터는 별도의 공익신탁법을 마련하여 법제화하고 있다. 일본의 공익신탁법은 수탁자를 원칙적으로 신탁은행 등 금융기관으로 제한하고 있어, 주로 장학금, 연구기금 지원 같은 '조성형' 공익신탁이 대부분이다. 2018년 기준 일본에서 운영 중인 공익신탁은 약 472개로, 총 신탁자산의 규모는 604억 엔 규모다. 이 중에서 환경보호나 문화재 보존을 직접 수행하는 '운용형' 공익신탁은 거의 없었다. 이렇게 된 이유는 은행이 기금을 보관, 관리하면서 일정 단체에 지원금만 지급하는 형태가 주류이기 때문이다. 즉, 신탁 자체가 사업을 운영하는 경우는 드물다는 뜻이기도 하다. 이러한 문제를 인식한 일본 법무성은 2017년 공익신탁법 개정을 논의했고, 미술품, 역사건축물, 자연생태도 신탁의 관리 대상에 포함하여 전문성 있는 비영리법인도 공동 수탁자로 참여할 수 있도록 제도 개선을 추진했다. 일본의 ESG 신탁은 금융기관 주도의 공익신탁이 제한적으로 운영되고, 최근에 이르러서야 환경 분야 등으로 확대하려는 움직임이 있다는 점에서 한국과 유사하면서도 제도적 유연성은 낮았다고 볼 수 있다.

신탁아카데미
- 실전 가이드

06

신탁계약은 어떻게 맺을까?

신탁계약서에 꼭 들어가는 내용

신탁계약의 주요 항목 체크하기

신탁계약서에는 신탁의 핵심 내용과 당사자 간의 권리와 의무 관계가 명확히 규정되어야 한다. 따라서 법적으로나 실무적으로 반드시 포함되어야 하는 주요 항목은 다음과 같다.

첫째, 기본 정보로 계약 당사자의 인적사항을 기입한다. 위탁자, 수탁자, 수익자의 인적사항을 정확하게 기재하고, 계약 체결일과 효력 발생일을 상의 후에 정한다. 신탁계약의 목적을 위탁자의 목적에 맞게 기입한다.

둘째, 신탁재산의 내용을 적는데, 신탁재산의 종류와 범위를 명확하게 적는다. 신탁재산으로는 부동산, 예금, 유가증권, 지식재산권, 디지털 자산 등이 있다. 재산의 평가 금액과 신탁재산이 수탁자 명의로 이전되는 방식을 명시한다. 수탁자가 재산을 어떻게 관리하고 운용할지 그 방법에 대해서도 적는다.

셋째, 수익자의 권리를 지정한다. 수익자로는 개인, 단체 또는 조건부 지정도 가능하다. 수익권의 내용으로는 수익을 받을 시기, 금액, 조건 등을 명시한다. 수익권 양도와 상속권 가능 여부도 기재한다.

넷째, 수탁자의 권한과 의무를 지정한다. 수탁자는 신탁재산의 관리와 운용의 의무를 갖는다. 또한 일정 기간마다 위탁자 또는 수익자에게 회계 보고와 공시 의무를 갖는다. 수탁자의 보수와 비용 처리 방법도 기재한다. 수탁자는 선량한 관리자로서 신의성실의 원칙을 지켜야 한다.

다섯째, 신탁의 변경과 종료에 대해서 지정한다. 위탁자나 수익자의 사정이 변경될 때 신탁계약도 변경이 가능하다. 종료 사유로는 신탁 목적의 달성, 기간의 만료, 법률상 사유 등이 있을 수 있다. 종료 후에는 신탁재산을 어떻게 처분할지도 정한다. 수익자 또는 제삼자에게 귀속할 수 있는데 처분처를 명확하게 기재하도록 한다.

여섯째, 기타 조항을 꼼꼼히 살핀다. 기타 조항으로는 분쟁 발생 시 해결방법을 명시한다. 관할 법원, 조정 · 중재 절차를 명시한다. 비밀유지 조항도 살피고, 계약 해석에 대한 특약이 있다면 그 부분도 명시한다. 첨부 문서로 재산목록, 위임장, 인감증명서 등이 필요할 수 있다.

▌유언대용신탁 계약서 샘플

유언대용신탁 계약서

표준 구성 항목(참고용)

제○조 신탁의 목적
이 신탁 계약을 체결하는 목적 기재
(예 위탁자의 안정적 노후 생활 보장 및 사후 원활한 자산승계)

제○조 용어의 정의
위탁자, 수탁자, 수익자, 신탁재산 등 계약서에서 사용되는 주요 용어 정의

제○조 신탁재산
신탁하는 재산의 구체적인 내역 기재
(예 현금 ○○○원, ○○부동산 등)

제○조 신탁 기간
신탁이 시작되고 종료되는 시점 명시
(예 계약 체결일로부터 위탁자 사망 후 ○년까지)

제○조 수익자
1. 생전 수익자 : 위탁자 본인으로 지정하여 생활비, 병원비 등 수령
2. 사후 수익자 : 위탁자 사망 후 재산을 받을 사람 지정(예 배우자, 자녀)

제○조 신탁 이익의 지급
1. 생전 지급 : 위탁자 본인이 언제, 얼마를, 어떤 방식으로 받을지 규정
2. 사후 지급 : 사후 수익자에게 언제, 어떤 자산을, 어떤 방식으로 지급할지 명시

제○조 신탁재산의 관리 및 운용
수탁자가 신탁재산을 어떻게 관리하고 운용할지에 대한 방법 규정
(예 원금 보장형 상품으로 운용)

제○조 수탁자의 보수
신탁을 관리해 주는 수탁자에게 지급할 수수료 및 보수 규정

제○조 계약의 변경 및 해지
어떤 경우에 계약을 변경하거나 해지할 수 있는지에 대한 조건 명시

제○조 기타 사항
관할 법원, 통지 의무 등 기타 필요한 사항 기재

계약일 : 20　　년　　월　　일

위탁자	수탁자
성명 : ○○○ (서명/인)	기관명 : ○○신탁 (직인)

※ 본 자료는 유언대용신탁 계약서의 표준 구성 항목을 안내하기 위한 참고용 샘플입니다.

위탁자, 수탁자, 수익자의 계약 유의사항

위탁자는 신탁계약의 주체다. 신탁계약을 체결하기에 앞서 신탁의 목적과 범위가 명확하게 정해졌는지 재차 확인한다. 단순한 자산관리가 아닌, '사망 후 교육비 지급', '기부 목적 수행' 등 구체적인 목적을 설정하고 그 목적을 계약서에 명시해야 이후에 발생할 수 있는 분쟁을 예방할 수 있다. 신탁재산도 정확히 표기해야 하는데, 부동산을 신탁할 경우에는 등기번호까지, 예금의 경우에는 계좌번호, 금액까지 정확하게 기재한다. 신탁 변경과 해지 조건도 꼼꼼히 확인한다. 생전 변경 가능 여부를 미리 규정하지 않으면 나중에 바꾸기 어렵다. 세금 문제도 전문가와 상의해 세금 발생 여부를 체크한다. 유언대용신탁은 상속세, 증여세가 발생할 수 있으므로 세무사 자문이 필수다. 신탁계약서도 공증을 권장한다. 공증 절차를 거치면 사후 분쟁 방지에 매우 효과적이다.

수탁자는 신탁재산을 관리, 운용하는 기관 또는 개인이다. 보통은 은행이나 신탁회사가 수탁자 역할을 한다. 수탁자는 신탁계약 시 어떤 점에 유의해야 할까? 수탁자는 위탁자가 믿고 자산을 맡기는 사람인 만큼 '선량한 관리자의 의무'를 준수해야 한다. 위탁자의 의사와 법령을 지켜야 한다. 만약 수탁자가 신의성실 의무를 위반하면 손해배상 책임을 질 수 있다. 신탁계약이 진행되는 동안에는 그 운용 내역, 수익 분배 내역을 정기적으로 위탁자에게 보고하여 회계와 보고의 투명성을 지킨다. 신탁재산은 수탁자의 고유재산과 구분해 관리되어야 하며 수탁자가 채무 관계에 얽히더라도 신탁재산은 독립재산성이 인정되어 압류 또는 담보의 제공이 불가하다. 수탁자는 수익자의 권리를 침해하거나 자의적으로 운용하면 안 된다. 혹시 발생할지도 모를 신탁자산 손실에 대한 보증 등 위험관리 대책도 세운다. 예를 들어 영업배상책임보험에 가입하는 등 내부통제를 통해 신탁자산이 안전하게 운용될 수 있도록 최선을 다해 조치를 취한다. 수탁자는 신탁자산을 관리하는 대가로 위탁자와 보수 및 비용의 명확한 합의를 하여 그 내용을 계약서에 반드시 명시한다.

수익자는 신탁으로부터 이익을 받는 사람으로서 다음과 같은 내용에 유의해야 한다. 먼저 신탁을 통한 수익권이 얼마인지, 언제, 어떤 조건으로 받는지를 명확히 이해해야 한다. 신탁계약에 따라서는 양도와 상속이 금지될 수도 있으므로 수익권 양도 여부도 확인한다. 수익자는 수탁자가 신탁의 목적대로 운용하고 있는지 감시하고 열람할 권리가 있다. 수익을 받을 때는 소득세나 상속세가 부과될 수 있으므로 세금 처리를 확인해 납부 지연이나 누락이 없도록 주의한다.

위탁자, 수탁자, 수익자 모두 신탁계약에 참여한 당사자들로서 계약서 원본을 반드시 보관하도록 하며, 계약의 변경, 해지 시에는 서면 통보를 필수로 한다. 만약 분쟁이 발생할 경우에는 계약서에 명시된 관할 법원, 조정기관을 통해 문제를 해결하고, 법무사, 변호사, 세무사와 같은 전문가의 검토 후 서명하도록 한다.

07

신탁의 관리와 운용

신탁의 재산 운용 전략

신탁재산 운용 전략은 신탁의 목적과 수익자의 이익을 극대화하기 위해 재산을 효율적이면서도 안전하게 관리하는 방법이다.

안정성 중심의 운용 전략

원금 보전과 안정적 수익을 최우선으로 하는 방식이다. 유언대용신탁, 치매대비신탁, 장애인신탁 등이 적용 사례라고 볼 수 있다. 주로 예금, 적금, 국공채, 우량 회사채, 대형 우량주 등 안전자산 비중을 높게 가져간다. 당연히 변동성이 큰 자산은 최소화한다. 예를 들어 예금과 적금 50%, 국공채 · 우량채권 30%, 배당주 · 우량주 10%, 금 · 리츠 등 대체자산 10% 정도로 구성하여 원금 손실을 최소화하는 전략을 펼친다. 부동산의 경우 임대수익 중심으로 관리한다. 안정성 중심의 운용 전략의 목적은 시장이 하락할 때에도 자산가치를 지키고 꾸준한 이자, 배당 수익을 확보하는 것이다. 안정형으로 투자하기 때문에 기대수익률이 낮으며, 인플레이션 상승기에는 실질 수익이 줄어들 수 있다는 점을 감안해야 한다.

수익성 중심의 운용 전략

목표는 신탁재산의 가치 증대와 장기 수익의 극대화다. 가업승계신탁, ESG 경영 신탁, 기업자산신탁 등이 해당한다. 성장지향 전략으로 주식이나 대체투자 비중을 크게 가져간다. 포트폴리오 예시로, 국내외 주식과 ETF 60% 이상, 기타 ETF 및 펀드 20%, 부동산과 금 등의 대체투자 15%, 현금 5% 등으로 구성할 수 있다. 수익성 중심의 운용 전략은 시장 상승기에는 높은 수익률을 기대할 수 있다는 강점이 있지만, 시장 하락기에는 자산가치 하락이 동반된다는 리스크도 있다. 수익률 극대화가 목적이므로 원금 손실 가능성을 항상 염두에 둬야 한다.

부동산 중심의 운용 전략

전체 자산의 큰 비중을 부동산이나 리츠와 같은 부동산 관련 증권에 할당하는 전략이다. 주거용, 상업용 부동산이나 토지 등에 투자해 임대수익과 개발이익을 추구한다. 부동산은 인플레이션 헤지 효과가 크고 상대적으로 예측 가능한 임대수익을 제공한다. 하지만 일시에 큰 자금이 묶이고 유동성이 낮다. 따라서 매도에 시간과 비용이 발생할 수 있다. 게다가 부동산 시장 변동이나 규제 변화에 따른 리스크도 존재한다. 예를 들어 부동산개발 전문 신탁회사는 수익형 토지신탁이나 개발형 리츠 등을 통해 부동산 자산에 투자하며, 이 경우 투자자는 안정적 개발수익을 노릴 수 있지만 토지담보, 시장침체라는 리스크에 노출된다.

세무, 법무 체크리스트

신탁은 재산을 하나의 법적 틀 안에서 보전하고 운용하면서도 수익자를 위해 분리된 자산으로 관리하는 제도이다. 국가마다 신탁법과 과세 규정이 다르므로 신탁 설계와 운용 과정에서는 현지 법령을 검토해야 한다. 아래 내용은 한국, 미국, 일본의 신탁 관련 세무 · 법무 체크리스트를 위탁자, 수탁자, 수익자 관점에서 정리한 것이다.

한국의 신탁 설계 및 관리 체크리스트

❶ 위탁자

☑ 신탁계약의 핵심사항 명시

한국 신탁법은 신탁계약에 위탁자, 수탁자, 수익자의 인적 사항, 신탁재산의 종류와 수량, 신탁 목적, 존속기간, 보수 조항, 해지 조항 등을 구체적으로 기재하도록 요구한다. 부동산 등 등기 대상 자산은 신탁 설정 시 '신탁등기'라는 부기등기를 해야만 제삼자에 대항할 수 있다.

☑ 신탁재산의 독립성 확보

한국 신탁법은 신탁재산을 위탁자나 수탁자의 고유재산과 분리하여 제삼자에 대한 대항력을 갖도록 한다. 실무에서 부동산을 신탁에 편입하면 신탁등기에 따라 별도의 권리대장이 생기며, 신탁재산은 채권자의 압류 대상에서 제외된다. 「신탁법」 제22조는 신탁재산이 강제집행의 대상이 되지 않음을 명시하고 있으며, 채권자가 압류를 시도할 경우 위탁자의 신탁재산 반환청구권이나 수익권을 겨냥해야 한다. 이러한 규정은 신탁재산이 위탁자의 일반재산과 엄격히 분리되어 있음을 보여준다.

✓ 세무상 '투명성' 고려

한국법상 민사신탁은 '수익자 과세'가 원칙이다. 호주 로펌 PBL Legal의 해외자산 상속 안내서는 "국내 신탁은 관류(Conduit) 구조로 운영되어 신탁재산에서 발생한 소득이 신탁 단계에서 과세되지 않고 수익자 수준에서 과세된다"라고 설명한다. 따라서 위탁자는 수익자에게 귀속되는 소득과 세금 신고 의무를 파악하여 신탁 구조를 설계해야 한다.

✓ 신탁 기간과 종료 조건 설정

한국 신탁법에는 존속기간에 명확한 한계가 없지만, 신탁계약에 존속기간, 종료사유(예 위탁자나 수익자의 사망, 목적 달성 등)를 명시하는 것이 분쟁 예방에 도움이 된다. 유언대용신탁처럼 위탁자 사후에도 효력이 지속되는 구조에서는 상속세 및 증여세 납부 책임, 재산 귀속 방식 등을 계약에 규정해야 한다.

☑ 수탁자 권한 및 감독 장치

수탁자가 신탁재산을 투자 또는 처분할 수 있는 범위와 금지행위를 계약에 명시하고, 필요한 경우 신탁감독인을 두어 수탁자를 감시할 수 있다. 수탁자가 담보제공이나 차입을 행할 때에는 별도의 제한을 두는 것이 일반적이다.

❷ 수탁자

☑ 충실 · 주의의무 준수

한국 신탁법은 수탁자가 신탁 목적을 달성하기 위해 최선의 주의를 기울여야 한다는 충실의무와 선량한 관리자의 주의의무를 규정한다. 수탁자는 신탁재산을 고유재산과 혼합하지 않고 별도의 회계와 장부를 유지해야 한다. 신탁재산이 강제집행에서 보호되는 이유도 이러한 분리원칙에 기반한다.

☑ 신탁계산서 작성 및 정보 제공

수탁자는 신탁의 운용 현황을 정기적으로 기록하고, 수익자에게 수입, 지출, 재산목록 등을 보고해야 한다. 이는 수탁자가 회계자료를 제공해야 한다는 국제적 신탁 관행과도 일치한다.

☑ 세무 의무 수행

신탁소득이 수익자에게 과세되는 경우에도, 수탁자는 원천징수나 부가가치세 신고 등 대행 업무를 수행할 수 있다. 법인과세신탁처럼 수탁자가 법인세 신고를 해야 하는 특수한 형태도 있으므로, 해당 신탁이 어떤 과세유형에 속하는지 파악해야 한다.

✓ 신탁 변경 · 해지 절차 준수

위탁자, 수탁자, 수익자의 합의로 신탁을 변경하거나 종료할 수 있으며, 신탁계약에 임의해지권이나 수익자 변경권이 규정되어 있는지 확인한다. 신탁 종료 시 재산귀속 방식과 세금 신고 절차를 준비해야 한다.

❸ 수익자

✓ 수익권 확인과 분배 방식 이해

수익자는 자신이 현재 수익자인지, 후순위 수익자인지, 분배 비율은 어떻게 되는지 신탁계약을 확인해야 한다. 신탁 소득은 수익자에게 과세된다. 따라서 분배받는 소득의 종류와 금액을 파악하여 소득세 신고에 반영해야 한다.

✓ 정보 요구와 감시권 행사

수익자는 신탁의 운용 · 회계 내역을 요구할 권리가 있다. 수탁자가 의무를 위반하거나 신탁재산을 부당하게 관리하는 경우, 수익자는 법원에 수탁자 교체나 손해배상 청구를 제기할 수 있다.

✓ 세금 · 상속 이슈 검토

위탁자와 수익자가 다른 경우, 신탁 설정 단계에서 증여세가 과세될 수 있으며, 신탁이 종료될 때 추가 과세가 발생하는지 여부를 확인해야 한다. 유언대용신탁에서 수익자가 순차적으로 바뀌는 경우에는 상속세가 부과될 수 있으므로 전문가와 상담해야 한다.

미국의 신탁 설계 및 관리 체크리스트

미국의 신탁은 대부분 주(州) 신탁법과 통일신탁법(UTC ; Uniform Trust Code)에 따라 규정한다. 여기서는 통일신탁법 조항을 예로 들어 기본 원칙을 설명한다.

❶ 위탁자

☑ 신탁 형식 결정

미국 신탁은 위탁자가 언제든 변경과 해지를 할 수 있는 취소가능신탁(Revocable Trust)과 불가능한 불가역신탁(Irrevocable Trust)으로 구분된다. 취소가능신탁은 위탁자가 소득과 자산 통제를 계속 유지하므로 증여세가 발생하지 않는 반면, 불가역신탁에 타인을 수익자로 지정하면 연방 증여세가 부과될 수 있다.

☑ 신탁문서 작성

신탁증서에는 신탁의 명칭, 위탁자, 수탁자, 수익자의 인적 사항, 신탁자산의 목록과 이전 방식, 신탁의 목적과 분배 규칙을 명확히 기재해야 한다. 주(州)법에 따라 수탁자의 권한과 제한, 후임 수탁자 선임 절차 등을 포함하는 것이 일반적이다.

☑ 재산 이전과 세금 검토

부동산을 신탁에 넣는 경우 신탁 명의로 새로운 양도증서를 작성하여 등기해야 하며, 일부 주에서는 소액의 양도세가 부과될 수 있다. 불가역신탁으로 자산을 이전할 때 증여세 면제한도와 양도소득세 여부를 검토해야 한다.

❷ 수탁자

✓ 이해상충 방지와 충실의무

통일신탁법 제802조는 "수탁자는 수익자의 이익을 위해 신탁을 관리해야 한다"고 규정한다. 또한 수탁자가 자신의 이익을 위해 신탁재산을 매매하거나 담보에 제공하는 행위는 수익자가 무효로 할 수 있으며, 예외는 신탁문서나 법원 승인 등이 있는 경우에만 인정된다.

✓ 주의의무와 분배의 공평성

동법 제804조는 수탁자가 신탁 목적과 조건을 고려하여 "신중한 사람(Prudent Person)처럼 합리적인 주의와 기술로 신탁을 관리해야 한다"라고 명시한다. 수탁자는 여러 수익자가 있을 때 각각의 이익을 공정하게 고려해야 한다는 공정성(Impartiality) 원칙을 따른다.

✓ 재산 분리와 기록 유지

동법 제810조는 수탁자가 "신탁재산을 자신의 재산과 분리하여 보관"하고, 관리 과정에 대한 충분한 기록을 유지해야 한다고 요구한다. 또한 신탁재산의 소유권을 외부기록에서 확인할 수 있도록 표시해야 한다.

☑ 정보 제공과 보고 의무

동법 제813조는 수탁자가 신탁의 운영과 관련된 정보와 보고서를 수익자에게 제공할 의무를 규정하고 있다. 수탁자는 수익자의 요청이 합리적인 경우 신탁문서를 복사해 제공하고, 수익자에게 신탁재산 · 부채 · 수익자의 분배금과 수탁자 보수 등을 포함한 연례 보고서를 제출해야 한다.

☑ 보수 청구

주(州)법은 신탁문서에 규정되지 않은 경우에도 수탁자가 합리적인 보수를 받을 수 있도록 허용하지만, 보수와 경비는 수익자에게 사전 통지해야 하며 보고서에 명시해야 한다.

❸ 수익자

☑ 권리 인지와 정보 수령

수익자는 신탁에서 받을 권리가 있는지, 현재 수익자인지 아니면 장래 수익자인지 파악해야 한다. 통일신탁법에 따르면 수탁자는 수익자에게 신탁의 존재와 자신의 연락처, 신탁문서 및 연례 보고서를 요구할 권리를 알려야 한다.

☑ 분배금과 세금

미국 신탁에서 수익자가 받는 분배금은 소득의 원천에 따라 개인소득세로 과세된다. 단순신탁(Simple Trust)에서는 신탁이 모든 소득을 분배하므로 수익자가 세금을 부담하고, 복합신탁(Complex Trust)에서는 신탁이 분배하지 않은 소득에 대해 높은 누진세율로 과세된다. 수익자는 분배 시 발행되는 K-1 양식[7)]을 통해 과세 정보를 확인해야 한다.

☑ 감시와 권리 행사

수익자는 신탁 운용이 신탁문서와 법령에 맞게 이루어지는지 확인해야 한다. 수탁자가 충실의무를 위반하거나 신탁재산을 남용하는 경우, 수익자는 법원에 수탁자 해임이나 손해배상을 청구할 수 있다.

---

7) K-1 양식 : 일반 납세자들에게는 친숙하지 않지만 파트너십, S-Corporation, 트러스트의 파트너, 주주, 신탁 수령자들이 세금보고를 하도록 수익 손실을 알려주기 위해 발행하는 양식

일본의 신탁 설계 및 관리 체크리스트

2006년 전면개정한 일본의 신탁법은 민사신탁 활성화를 목적으로 하며, 개인이 스스로를 수탁자로 지정할 수 있는 자기신탁제도를 허용한다. 주요 체크리스트는 다음과 같다.

❶ 위탁자

☑ 신탁계약의 필수사항 기재

위탁자는 신탁계약에 위탁자, 수탁자, 수익자의 인적 사항, 신탁재산과 수량, 신탁 목적과 기간, 수익자의 지정과 변경 방법, 잔여재산 처리 등을 명시해야 한다. 신탁 목적이 불법행위나 강제집행 면탈을 주요 목적으로 하는 경우, 신탁은 무효이다.

☑ 자기신탁 및 연속수익신탁 활용

일본 신탁법은 위탁자가 자신을 수탁자로 지정하는 자기신탁을 인정하며, 수익자를 연속적으로 지정하는 구조도 허용한다. 따라서 가족승계나 치매 대비를 위한 후견형 신탁 설계가 가능하다.

☑ 신탁등기와 공시

부동산을 신탁할 때에는 등기부에 '신탁재산'이라는 부기등기를 해야 제삼자에 대한 대항력이 인정된다. 이는 일본 신탁법에서 신탁재산과 수탁자의 고유재산을 구분하도록 요구하는 분리원칙을 반영한 것이다.

❷ 수탁자

✓ 충실의무와 선관주의

일본 신탁법 제30조는 "수탁자는 수익자를 위해 신탁사무 기타 행위를 성실하게 수행해야 한다"고 규정한다. 동법 제31조는 수탁자가 자신의 이익을 위해 신탁재산을 매매하거나 대리하는 등 이해충돌 행위를 금지하며, 수익자의 사전승인이나 법원의 허가가 있는 경우에만 예외를 둔다.

✓ 재산 분리와 회계 관리

동법 제34조는 수탁자가 신탁재산을 자신이나 다른 신탁재산과 분리하여 보관할 의무를 명시한다. 부동산 등 등기 대상 자산은 신탁등기를 통해 공시해야 하고, 기타 자산은 별도 계좌나 장부를 통해 구분 보관해야 한다.

✓ 대리인 선임 및 감독

동법 제35조는 수탁자가 신탁사무를 제삼자에게 위탁할 때 적합한 사람을 선택하고 적절히 감독해야 한다고 규정한다.

✓ 보고와 장부 보존 의무

동법 제36조와 제37조는 위탁자나 수익자가 요청하면 수탁자가 신탁사무 처리 상황을 보고해야 하고, 회계장부와 영수증을 매년 작성해 10년간 보관해야 한다고 규정한다.

☑ 수익자의 열람권

동법 제38조는 수익자가 수탁자의 장부와 서류를 열람 · 복사할 권리를 인정하며, 수익자는 다른 수익자의 이름과 권리 내용을 열람할 권리도 갖는다. 이러한 권리는 수익자가 신탁 운영을 감시할 수 있도록 보장한다.

❸ 수익자

☑ 수익권의 행사와 보호

수익자는 신탁으로부터 이익을 받을 권리가 있으며, 수익권을 양도하거나 담보로 제공하는 경우에는 신탁계약과 관련 법령을 준수해야 한다. 일본 신탁법은 수익자의 수익권 행사와 보호를 위해 수익자취소권, 수익자대위권 등 다양한 권리를 인정한다.

☑ 정보 요구와 감시

수익자는 수탁자의 장부를 열람하거나 복사할 수 있으며, 수탁자가 의무를 위반할 경우 법원에 신탁행위 취소나 수탁자 해임을 청구할 수 있다.

☑ 세무 고려

위탁자와 수익자가 동일한 자익신탁의 경우 증여세가 부과되지 않는다. 반면 위탁자와 수익자가 다른 타익신탁에서는 신탁 설정 시 수익권 취득이 증여세 과세 대상이 될 수 있으며, 신탁 종료 시 별도 과세는 발생하지 않는 것이 일반적이다.

한국, 미국, 일본의 신탁을 알아본바, 신탁은 국가별로 법체계와 과세 방식이 크게 다르다. 한국에서는 신탁재산이 채권자의 강제집행에서 보호되고 소득이 수익자에게 투명하게 과세된다는 점을 고려해야 한다. 미국에서는 통일신탁법에 따라 수탁자의 충실의무, 재산 분리, 정보 제공 의무 등이 상세히 규정되어 있으며, 신탁 형태에 따라 증여세와 상속세 결과가 달라질 수 있다. 일본은 자기신탁과 연속수익신탁을 허용하여 가족승계에 유용하지만, 수탁자의 이해충돌행위 금지와 분리관리 의무가 엄격히 적용된다.

신탁을 설계할 때 위탁자는 법적 요구사항과 세금 규정을 면밀히 검토하고, 수탁자는 충실의무와 회계의 투명성을 지켜야 하며, 수익자는 자신의 권리와 세금의무를 정확히 이해하고 감시 기능을 수행해야 한다. 이러한 기본 원칙을 준수하면 신탁을 활용한 재산관리와 승계를 보다 안전하고 효율적으로 수행할 수 있다.

신탁 세무·법무 체크리스트
한국 신탁법 및 세법 기준

위탁자 Trustor	수탁자 Trustee	수익자 Beneficiary
✓ 신탁계약서 필수 기재사항 확인	✓ 충실의무 · 선관의무 준수	✓ 수익권 권리 보호 확인
✓ 신탁등기 · 등록 대항력 확보	✓ 신탁재산 독립성 유지	✓ 정보제공 요구권 행사
✓ 수탁자 권한 · 의무 명확히 설정	✓ 자기거래 · 이익충돌 금지	✓ 수익자 동의권 확보
✓ 신탁재산 유형별 등기 · 명의 개서	✓ 정기 운용내역 · 회계보고	✓ 수익자과세 원칙 이해
✓ 신탁 기간 · 종료 조건 명시	✓ 수익자 명부 작성 · 관리	✓ 분배 소득세 신고 · 납부
✓ 변경 · 해지 절차 계약서 규정	✓ 원천징수 · 납세관리인 역할	✓ 증여세 · 상속세 시점 확인
✓ 수익자 지정 · 변경권 검토	✓ 법인과세신탁 여부 판단	✓ 수익권 양도 · 담보 제한 검토
✓ 세법상 과세 주체 확인	✓ 신탁회계 · 일반회계 구분	✓ 신탁 종료 시 과세 확인
✓ 사해신탁 · 유류분 분쟁 검토	✓ 신탁업 감독규정 준수	✓ 해외자산 신고의무 점검

주요 관련 법령

신탁법 · 신탁업법(2007년 폐지) · 자본시장과 금융투자업에 관한 법률 ·
소득세법 · 법인세법 · 상속세 및 증여세법 · 지방세법

08

신탁 전문가 7인의 인터뷰

초고령사회, 가족 형태의 변화, 늘어나는 상속 분쟁 등 사회가 급변하면서 안전망을 찾는 사람들은 점점 늘고 있다. 주먹구구식이 아닌, 철저한 계획과 공부, 전문가 상담이 어느 때보다 필요한 시기다. 이 시대에 신탁이 필요함을 느끼고, 공부하면서 신탁을 이미 알고 있는 전문가들의 깊은 견해를 듣고 싶었다.

27년 전부터 시니어 산업의 중요성을 알고 그 분야의 연구를 시작했던 최학희 공동 저자가 인터뷰할 대상을 찾았다. 7인의 인터뷰이를 선정하고 정중하게 인터뷰를 요청한 후, 그들에게 공통적으로 질문할 5개의 심층 인터뷰 질의서를 작성했다. 첫 번째 질문은 신탁을 무엇이라고(What) 정의할 수 있는지 묻는 질문이다. 7인의 인터뷰이가 각자의 위치와 삶에서 느낀 신탁의 정의를 물었다. 두 번째 질문으로 신탁이 누구에게(Who) 가장 필요한지 물었다. 신탁의 개념이 어떤 계층, 어떤 대상자에게 가장 시급하고 유용한지를 묻는 질문이다. 세 번째는 왜(Why) 신탁이 중요한가를 묻는 질문이다. 상속, 증여와 같은 재산승계 방식과 비교하여 신탁이 가진 월등한 장점을 살펴봤다. 네 번째 질문은 7인의 인터뷰이가 기억하는 신탁의 사례다. 이미 앞서 신탁의 시작과 과정, 결과를 지켜본 이들이 손꼽은 진짜 사례들에 관한 이야기들을 들어봤다. 다섯 번째 질문은 지금보다 더 나은 신탁이 되기 위한 개선사항을 물었다. 세상에 완벽한 개념은 없다. 신탁도 마찬가지다. 여러 사례를 지켜본 경험자로서 앞으로의 신탁이 어떻게 발전해 나갔으면 하는지의 바람을 들었다. 추가로 신탁에 대한 통찰을 들어보고 신탁 분석 프레임워크에 기반한 7인의 인터뷰를 마쳤다. 물론 모든 전문가들과 계획한 프레임워크대로 체계적인 인터뷰가 진행되지는 않았지만, 신탁에 관한 그들의 견해를 중점으로 담고자 하였다.

| 신탁 심층 인터뷰 질의서

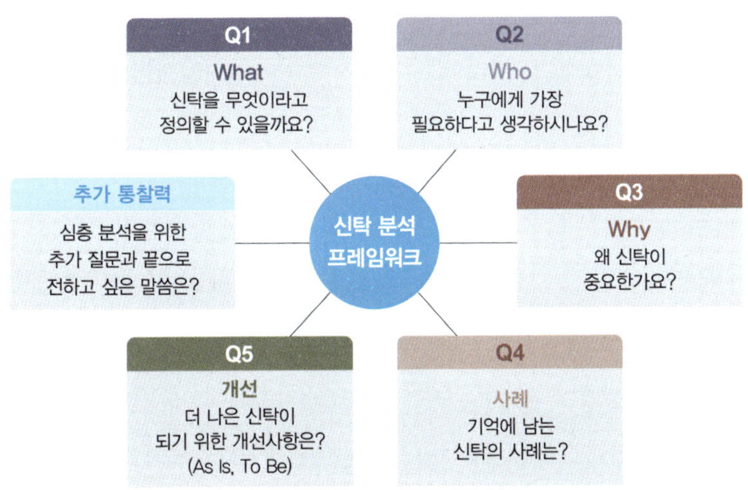

"신탁은 내 뜻을 끝까지 이어주는 도구예요."

신관식

- (現) 우리은행 신탁부 가족신탁팀 신탁 · 세금 전문가
- (前) 신영증권 패밀리 헤리티지 본부, 한화투자증권 상품전략실
- 세무사 자격 취득(제53회, 2016년)
- KBS '무엇이든 물어보세요', 매일경제TV '머니클래스', YTN 라디오 '조태현의 생생경제', 채널 '시니어TV', 유튜브 채널 '방송대 지식+', '제네시스박', '부티플' 등 출연
- 저서 : 〈내 재산을 물려줄 때 재산승계신탁〉, 〈재산승계의 정석〉, 〈5주 완성, 이것만 알면 나도 세금전문가〉, 〈불멸의 가업승계 & 미래를 여는 신탁〉, 〈장애인 금융 · 세금 가이드〉, 〈사례와 함께하는 자산승계 신탁 · 서비스〉

내 재산, 내 돈을 지키고 제대로 의미 있는 가치 창출을 하고 싶은 사람들이 찾는 사람, 바로 신관식 신탁 · 세금 전문가다. 장애인 복지에도 관심이 많아 사회복지사 자격도 취득한 독특한 이력의 전문가, 우리은행 신탁부 가족신탁팀 신관식 신탁 · 세금 전문가를 만나 왜 지금 재산승계 신탁이 필요한지, 미래에는 무엇이 달라지는지를 인터뷰했다.

Q1 신탁, 한마디로 뭐라고 정의하세요?

신탁은 크게 보면 위탁자가 재산을 맡기고, 수탁자가 그 재산을 관리 · 운용 · 처분하는 계약입니다. 겉으론 위탁자와 수탁자의 계약처럼 보이지만, 실제로는 수익자(그 재산의 원본과 이익을 받을 사람)를 위해 움직이는 일련의 절차죠. 특히 시니어를 위한 신탁은 재산승계 목적이 강합니다. 저는 예전부터 '재산승계 신탁'이라고 불러요. 평생 모은 재산이 온전히 본인 노력만으로 축적된 건 아니잖아요. 가족, 단체, 회사, 심지어 국가와 지자체의 간접적 도움도 분명히 있어요. 그 재산을 누구에게, 어떻게 공정하게 나눌지를 미리 설계하는 과정, 그게 신탁이고, 결과물로 상속 · 증여 · 기부가 일어납니다.

Q2 우리 삶 속에 신탁이 이미 있나요?

많아요. 퇴직연금은 IMF 이후 회사 내부에서 들고 있던 퇴직금을 외부로 빼 신탁 구조로 운용하기 시작했죠. 주택연금(역모기지)은 소유권을 유지하며 근저당을 설정해 연금을 받는 저당권 방식도 있지만, 신탁 방식으로 운영하는 모델도 있어요. ISA(Individual Savings Account, 개인종합자산관리계좌) 실제 운용 구조는 대개 신탁 형태입니다. 재건축 · 재개발도 조합 방식 외에 신탁 방식 개발이 보편화됐죠. 예전엔 투자, 보관의 관점이 강했다면, 지금은 고령화로 "내 재산을 배우자 · 자녀 · 사회에 어떻게 넘길까"가 핵심 니즈가 됐고, 그래서 유언대용신탁이 빠르게 알려지고 있습니다.

Q3 누구에게 특히 신탁이 필요할까요?

한국은 상속 분쟁이 생각보다 흔해요. 상속재산 분할 심판은 해마다 수천 건, 유류분 반환 청구도 수천 건, 유언 무효나 상속 회복 관련 소송도 적지 않습니다. 재산 규모가 크지 않아도 갈등은 생겨요. 요즘 부동산 가격을 생각하면 일반 가정도 순식간에 억 단위가 되잖아요. 숫자만 보면 '부자들의 문제' 같지만, 현장 체감은 '가족이면 더 복잡하다'에 가깝습니다.

Q4 유언보다 신탁을 권하는 이유는 뭔가요?

세 가지로 딱 말할게요. 첫째, 효력 리스크가 있습니다. 자필 유언장은 형식 요건(날짜 · 주소 · 내용 · 서명 · 도장 등) 중 하나만 틀려도 무효가 될 수 있어요. 치매와 같은 의사능력 부재로 다툼도 잦습니다. 둘째, 집행 지연이 있습니다. 유언이 있어도 금융기관은 바로 집행을 못 해요. 가장 최근 유언인지, 효력 다툼이 없는지 확정돼야 하거든요. 셋째는 갈등 노출입니다. 유언집행자는 상속인들 앞에서 자산과 부채 목록을 공개하고 집행해야 해요. 어쩔 수 없이 현장에서 감정이 격해지는 경우가 많죠. 반면 유언대용신탁은 생전 계약으로 소유권을 수탁자 명의로 이전해 둡니다. 그래서 사망 시 계약서대로 바로 집행돼요. 모두를 한자리에 모을 필요도 없고, 은행이 절차를 중립적으로 수행하기 때문에 감정 충돌도 줄어듭니다. 유언은 '문구'가, 신탁은 '프로세스'가 핵심입니다. 신탁은 생전에 구조를 옮겨 놓기 때문에 사후 집행이 빠릅니다.

Q5 '명의를 은행으로 바꾼다'는 게 부담스럽다는 분들도 있어요.

한국 신탁은 소유권 이전이 특징이라, 처음엔 심리적 허들이 있죠. 하지만 그 덕분에 생전에 채권 · 채무 변수가 끼어들 여지를 줄이고, 누구에게 어떻게 줄지 계약으로 투명화되고, 상속인들이 세금과 자금 계획을 사전에 준비할 수 있어요. 문화적으로도 '부모 재산은 비밀'인 경향이 강한데, 신탁은 필요한 범위에서 공개와 준비를 가능하게 만들어 줍니다.

Q6 기억에 남는 사례가 있다면요?

두 가지가 떠오르네요. 첫 번째 사례는 실버타운 사례입니다. 나이 드신 여자분이셨는데, 배우자 사망 후 자녀 간 상속 다툼이 커졌습니다. 일단 본인에게 전부 귀속시키고 보증금 약 2억 7천만 원, 월 생활비 180~200만 원이 드는 실버타운으로 이사하셨어요. 그 과정에서 아파트는 막내아들, 소형 상가는 두 딸에게, 현금 일부는 모교 기부로 설계했죠. 주거, 생활, 증여와 기부가 신탁 하나의 프레임 안에서 정리된 종합 케이스였습니다.

두 번째 사례는 1인 가구 사례입니다. 동대문 의류상가에서 자수성가한 60대 남성이었는데, 가족 관계가 복잡했고, 말기 암 수술을 앞두고 있었습니다. 그는 조카에게 재산을 전부 승계하길 원했습니다. 하지만 예전엔 형제자매의 유류분 반환 청구 위험이 있었거든요. 형제자매의 유류분을 인정하지 않는다는 관련 결정을 내리고 유언대용신탁으로 즉시 설계해 법정상속 순서대로 흘러가 버리는 상황을 막았습니다. 1인 가구도 관계의 복잡성은 여전해요. 그래서 더 명확한 구조가 필요하죠.

Q7 신탁 설계 비용은 어느 정도로 보면 될까요?

회사마다 다르지만 연 0.2~0.5% 수준으로 보시면 됩니다. 펀드 보수와 비교하면 낮다고 느껴질 수 있습니다. 신탁은 초기에 구조를 설정하고, 유지와 보수는 최소화하기 때문이죠.

Q8 제도적으로 보완되면 좋을 점은 무엇일까요?

먼저 홍보 규제를 완화하는 겁니다. 신탁은 불특정 다수 대상 상세 홍보가 규정상 제한돼 있어요. 맞춤형 설계가 장점인 상품인데, 필요한 분들이 정보 접근을 못 하는 건 아쉬워요. 세제 혜택도 보완됐으면 합니다. 보험처럼 일정 유지 기간에 과세 이점이 일부라도 적용된다면 장기 설계를 망설이는 분들에게 신탁 가입 동기가 생길 겁니다. 현장의 인센티브와 보수 구조도 개선되어야 합니다. 영업 인센티브의 문제가 아니라, 전반적으로 보수 체계가 낮고 일회성인 구조라서 양질의 컨설팅을 지속 공급할 시장의 인프라가 더 튼튼해질 필요가 있어요.

Q9 로펌 주도 신탁 vs. 금융사 신탁, 뭐가 다른가요?

간단히 비교해 볼게요. 비영리 · 비영업인 민사신탁은 로펌, 회계법인, 공익단체 등이 보수를 거의 받지 않거나 제한적으로 받아요. 가성비는 좋아 보이지만, 30년 장기 사무를 고품질로 지속할 수 있느냐가 관건입니다. 운용, 배당, 원천징수 등 일상 관리는 결국 금융기관 협력이 필요하죠.

은행, 증권, 보험, 부동산 전문인 영업신탁은 보수가 명확하고 인허가 아래 표준 프로세스가 갖춰져 있어요. 다만 법률 특화 자문은 로펌만큼 디테일하지 않을 수 있으니, 협업 설계가 이상적입니다. 결론은 케이스 바이 케이스라는 겁니다. 생전 관리부터 사후 집행까지 '누가 무엇을 얼마나 오래 책임질지'를 보고 선택하시면 됩니다.

Q10 앞으로의 신탁 시장, 어떨까요?

향후 30년은 계속 커질 거예요. 일본의 고령사회에서 이미 확인했듯, 상속과 유언, 승계의 니즈는 구조적으로 증가합니다. 한국은 가족 간 정서적 지원이 여전히 강하면서도, 자산 규모는 커졌고 가족 형태는 더 복잡해졌죠. 저는 한국이 일본보다 신탁 활용 폭이 더 커질 가능성이 있다고 봅니다. 내가 원하는 방식으로, 내 사람이 안전하게 받을 수 있게 미리 구조를 옮겨 두는 것, 그게 신탁입니다.

"노인의 돈은 생존입니다. 그래서 신탁이 더 절실하죠."

홍종석

- 숭실대학교 사회복지대학원 노인복지전공 석사
- (現) 강동구 치매안심센터 팀장(2010년~현재), 서울가정법원 심층 후견감독위원, 한국후견사회복지사회 행정이사, 사람중심케어(PCC) 실천네트워크 이사, (사)치매케어학회 이사, 국가치매교육 치매 공통교육 치매관련 서비스 안내 강사
- 네이버 블로그 '워커홍의 치매현장' 운영
- 저서 : 〈치매는 처음이지?〉

대한민국 치매 인구가 2024년에 약 100만 명, 2050년에 이르면 무려 300만 명 이상이 될 거라는 전망이 있다. 치매 고령자 자산은 약 154조 원에 달한다. 치매머니를 활성화하고 치매노인을 잘 돌보기 위한 논의가 절박한 요즘, 현장에서 직접 치매노인을 접하고 고령자 가족과 가족 상담을 해본 입장에서 신탁은 어떤 의미일지 궁금했다. 강동구 치매안심센터의 홍종석 팀장이 생각하는 신탁이 나아가야 할 방향에 대해 물었다.

Q1 '신탁'은 뭐라고 정의할 수 있을까요?

저는 업무상 공공 영역에서 사람들을 많이 만납니다. 현장에서 여러 이슈가 생길 때 결국 제일 많은 분쟁과 상담이 터지는 건 돈 문제예요. 돈이 한 번 꼬이면 가족 갈등도, 돌봄 문제도, 사기 피해도 다 그 돈을 중심으로 엮이게 됩니다. 그래서 공공이든 민간이든 재산을 잘 관리해 주는 구조가 없으면 분쟁은 계속 생길 수밖에 없다고 봐요. 신탁은 결국 믿을 만한 사람이나 믿을 만한 기관에 재산을 맡겨서, 그 사람이 노후까지 안전하게 생존할 수 있도록 해주는 제도라고 생각합니다. 지금은 국민연금 같은 공공기관의 당위성도 얘기되지만, 어쨌든 누군가가 '관리'해 주어야 하는 구조가 필요합니다.

| Q2 실제 현장에서는 '기관을 믿는다'기보다 '사람을 믿는다'는 얘기가 더 많다고요?

네, 이게 되게 중요한 포인트예요. 공공은 브랜드가 믿음을 만들어 줘야 하잖아요? 그런데 솔직히 제가 현장에서 느끼기엔 사람들이 '기관'을 믿어 재산을 맡기는 경우는 거의 못 봤습니다. 대신 "그 주민센터의 누구라면 믿을 수 있지", "저 복지관의 센터장님이라면 믿을 수 있지", "교회 목사님이라면 믿을 수 있지"처럼 특정 개인과의 관계를 믿는 경우가 많았습니다. 이는 아직 한국 사회에서 공공이든 민간이든 '브랜드 신뢰'가 충분히 쌓여 있지 않다는 뜻이기도 합니다. 결국 돈은 관계의 문제예요. 마음을 열어야 돈도 열리거든요.

| Q3 어르신들이 가장 강하게 저항하는 지점도 결국 '내 돈'이라는 개념 때문이죠?

맞아요. "내가 내 돈 관리하면 되지, 왜 당신이 개입해?" 이 말이 정말 많이 나와요. 후견제도를 안내해도 제일 먼저 나오는 반응이 "그럼 이제 내 돈 내가 못 만지는 거 아니야?"예요. 그래서 "평소엔 마음대로 쓰시고, 큰 거래만 보호해 드리는 거다"라고 설득을 해야 겨우 시작됩니다. 어르신들은 끝까지 자기 자신을 제일 믿고, 그 믿음이 마지막까지 붙드는 게 돈입니다. 그런데 역설적으로 문제가 제일 많이 터지는 것도 돈이죠.

Q4 그렇다면 신탁이 특히 '누구에게' 가장 필요하다고 보세요?

현장에서 제가 1순위로 꼽는 분들은 시설이나 병원에 입소해 계신 어르신들입니다. 시설에 계신 분들은 기초연금이든 본인 자산이든 돈이 들어오는데, 본인이 직접 관리하거나 활용하지 못해요. 가족이 없거나 가족 관계가 해체된 저소득층의 경우 사회복지사나 기관이 '급여관리자'처럼 대신 관리하기도 하는데, 그 과정에서 관리 공백이 생기면 큰 문제가 터집니다. 저는 이런 면에서 시설 입소자가 심리적 저항이 적고, 제도 적용도 상대적으로 쉬워서 '당장 시작할 수 있는 우선 대상'이라고 봅니다. 또 신탁이 필요한 분들은 지역사회에 사시는 고령자들입니다. 혼자 사시든 노인부부든 가족이 있어도 돌봄과 상담을 제대로 못 받는 분들이든, 재산관리 사각지대가 정말 넓게 퍼져 있습니다.

Q5 시설 입소 어르신들 쪽에서는 어떤 문제가 가장 크나요?

두 가지가 반복됩니다. 첫째는 전세 · 월세 보증금 처분 문제입니다. 어르신이 갑자기 쓰러져 병원에서 시설로 급히 들어가면 본인이 직접 계약을 해지하러 갈 수 없잖아요. 집주인은 '당사자가 와야 돈을 준다'고 하고, 공공기관이 대신 받을 수도 없죠. 그러다 보니 보증금이 깎이거나, 부르는 대로 주는 구조가 생깁니다. 둘째는 시설 입소 후 연금,

현금 흐름 관리입니다. 기초연금 30만 원 정도가 계속 들어오는데, 정작 본인은 쓰지 못하고, 누가 어떻게 쓰는지 모호해지는 순간 관리 공백과 착복 위험이 생깁니다. 저소득층은 '급여관리자' 제도로 어느 정도 커버하지만, 차상위와 중간층은 제도 사각지대라서 더 취약해요. 후견까지 가기엔 너무 무겁고, 그렇다고 아무 장치도 없으니 방치되는 겁니다.

| Q6 지역사회 고령자 재산관리 문제는 왜 더 커질 거라고 보세요?

통계를 보면 독거노인이 많고, 그중에서도 사회적 관계가 해체된 분들이 늘고 있어요. 그래서 지자체들이 '사회적 가족 도시' 같은 조례를 만들며 대응하는 거고요. 문제는 관계가 끊기면 의지할 사람과의 공백이 생기는데, 그 공백을 사기꾼들이 너무 정확히 파고든다는 거예요. 종교를 이용하기도 하고, 돌봄을 빌미로 들어오기도 하고, 이웃이나 가짜 '통장' 같은 사람도 끼어들고요. 공공이 개입하려면 상황을 파악하고 조사하고 절차를 밟아야 하는데, 인력도 구조도 부족해서 못 들어가요. 민간도 마찬가지고요. 그래서 돈이 엉뚱한 데로 흘러가 버리는 사각지대가 생기는 겁니다.

| Q7 후견제도가 있는데도 왜 신탁이 더 유연한 중간 단계가 될 수 있다고 보시나요?

후견제도는 너무 복잡해요. 청구 과정이 법원으로 가야 하고, 서류가 20장 넘게 들어가고, 한번 시작하면 종료도 마음대로 못 해요. 해외는 의사결정 지원이 후견만 있는 게 아니라 대리권, 사전계약, 부분지원 같은 중간 단계가 많거든요. 우리는 아직 '후견 아니면 없음'이라서 너무 극단적입니다. 그 중간을 메울 수 있는 제도가 필요하고, 지금으로서는 신탁이 제일 현실적인 대안이라고 봐요. 예를 들어 어떤 어르신은 1,000만 원 이상의 큰 거래만 신탁이 개입하면 충분할 수도 있고, 어떤 분은 매달 들어오는 연금과 생활비를 세부적으로 관리해 주는 구조가 필요할 수도 있잖아요. 이런 식으로 어르신들 상태에 따라 세분화된 설계가 가능한 게 신탁의 강점이죠.

Q8 현장에서 만난 대표적인 사례를 소개해 주세요.

노인부부가 신축 아파트에 살고 있었는데, 남편은 치매, 아내는 경도 인지장애가 있는 상태였어요. 문제는 아내가 남편의 보호자 역할을 해야 하는데, 아내도 판단이 어려운 상태였다는 거죠. 자녀는 해외에 있어서 소통도 어렵고 한국에 자주 올 수도 없었습니다. 저희가 후견을 안내했는데, '그럼 누가 후견인이 돼야 하냐'에서 막혀요. 부부밖에 없으니까 아내가 남편 후견인이 되는 것도 불가능하고, 지자체 후견도 자산과 친족 관계가 남아 있어서 바로 들어가기 어려웠습니다. 결국 1년 넘게 상담과 연락을 이어가다 차선책으로 방문요양센터를 연결했습니다. 센터장이 일부 관리와 안전망 역할을 해주긴 했지만, 공식적으로 완벽한 재산관리는 아니었죠. 최선이 아니라 '우회'였습니다.

Q9 공공신탁이든 민간신탁이든, 어떤 방향으로 개선돼야 할까요?

저는 공공신탁의 한계를 인정해요. 결국 이건 관계 기반이라서, 현장에서 자주 만나는 사람과 결합된 모델이 필요하다고 봐요. 예를 들어 방문요양센터, 요양보호사처럼 어르신과 시간을 가장 많이 보내는 사람들이 관계를 만들고, 금융기관이 돈의 '마스터 관리'를 맡는 구조입니다. 공공은 정말 하위계층과 고위험군에 개입하고, 애매한 중간층은 관계 기반 민간 모델로 연결되는 혼합형이 더 현실적일 수 있어요. 핵심은 '관리 권한을 주되, 교육 · 감독 · 보상 구조를 설계해 지속 가능하게 만드는 것'이죠.

Q10 마지막으로, 팀장님이 현장에서 느낀 '노인의 돈'은 어떤 의미인가요?

돈은 곧 생존입니다. 치매 어르신들의 망상 중 '도둑 망상'이 제일 흔한데, 그게 거의 다 돈이나 자산가치와 연결돼요. "내 통장 누가 가져갔지?", "돈 문서 없어졌어." 같은 식으로요. 노인이 되면 돈을 벌 능력이 사라지고, 관계망도 줄어들고, 몸이 약해지잖아요. 그때 돈은 내가 버틸 수 있는, 거의 마지막 안전줄처럼 느껴지는 겁니다. 그래서 "치매 검사받으면 안 된다. 진단받으면 애들이 내 돈 다 뺏고 요양원에 넣는다." 이런 말도 실제로 나옵니다. 그만큼 돈을 잃는다는 건 삶의 통제권을 잃는 공포인 거죠. 공식 기관에는 마음을 안 열지만, 사기꾼처럼 '관계의 질'을 파고드는 사람에게는 어르신들의 돈이 열려요. 그래서 더 위험하고, 그렇기에 더 신탁 같은 안전한 구조가 필요합니다.

무엇보다 중요한 것은 치매머니로 인한 문제가 생기기 전 지원할 수 있는 시스템 구축입니다. 많은 고령자와 보호자는 단순 금융관리가 아닌 전반적인 통합인생설계가 될 수 있는 원스톱 상담센터를 원하지만, 현재 시스템은 후견, 신탁, 돌봄이 모두 분리되어 각자 운영되고 있는 것이 현실입니다.

지난 제4회 한국후견대회(2025)에서도 논의한 것처럼 신상과 재산관리뿐만이 아닌 전반적인 통합인생설계를 할 수 있는 케어 코디네이션 전문기관 혹은 전문가가 필요합니다. 단순히 신탁과 후견제도를 안내하는 것이 아니라, 치매머니 문제가 생기기 전에 신탁을 통한 금융대리인의 운영방안을 설계하고, 향후 의사결정에 어려움을 겪을 상황을 대비하는 재산과 신상의 통합적인 인생설계(ALP ; Advance Life Plan)가 구축되어야 할 것입니다.

가능하다면 지역사회 장기요양기관 중 재가 서비스를 제공하는 방문요양센터를 중심으로 간단보험대리점[8)]으로 등록할 수 있도록 하는 한편, 당사자의 의사결정능력에 따른 신탁계약과 돌봄계약이 이루어질 수 있도록 하면 좋겠습니다. 장기적으로는 신탁 상품 계약 시 필수적으로 ALP계약이 이루어질 수 있도록 지원합니다. 또한, 케어 코디네이션이 가능한 전문인력을 양성할 수 있도록 후견제도와 신탁제도에 대한 이해를 넘어 돌봄계획수립이 가능한 전문가와 전문단체를 만들 필요성이 있어요. 구체적으로 설명하면, 고령자에게 서비스를 제공하는 노인복지 전문인력을 양성할 시 후견제도 및 신탁제도에 대한 이해와 함께 돌봄

8) 간단보험대리점 : 보험이 본업이 아닌 사업자가 말 그대로 '간단한' 보험 상품을 판매할 수 있도록 허용한 제도를 말한다. 2025년 10월 28일 「보험업법」 시행령의 개정으로 손해보험뿐만 아니라 생명보험과 제삼보험까지 판매할 수 있게 되었다.

정책과 관련서비스에 대한 교육을 제공해, 케어 코디네이션 역할을 할 수 있도록 관계기관(예 노인복지관, 노인맞춤돌봄서비스 제공기관, 노인보호전문기관, 장기요양기관 등) 대상으로 교육을 확대해야 한다는 거예요.

특히, 돌봄서비스 연계부터 병원이나 요양시설 입소, 주택임대 등 일상에서 요구되는 신원보증에 대해 지원하는 신원보증 서비스는 앞으로 혼자 살아가는 고령자가 폭발적으로 많아질 수밖에 없는 초고령사회에서 '가족 대행 서비스(일명 계약가족)'라는 이름으로 일상에서 신원보증과 사후 서비스에 대해 제공하는 필수적인 서비스가 될 것입니다. 이에 대해 신탁서비스와 함께 의사결정능력이 어려워질 때를 대비한 신원보증 서비스가 제공될 수 있도록 논의 또한 필요합니다.

"신탁은 내 의지를 지키는 장치이자 사회적 상속의 출발점"

김범용

- 명지대학교 사회복지학과 학사
- (現) (사)부천희망재단 상임이사, 한국지역재단협의회 운영위원장, 2025~2027 경기도공론화위원회 위원장, 한국시민사회지원조직협의회 운영위원, 부천시 지역사회보장협의체 위원, 부천시 지역사회통합돌봄 협의체 위원
- 캠페인 매니저(CCM) 1급(ICNPM), 2016 아시아 필란트로피 어워드(APA) 펀드레이저상 수상, 2023 대통령상 표창, 2024 경기도지사 표창

신탁은 재단과 협력해 새로운 가치 창출의 구조를 만들어 낼 수 있다. 재단에 기부신탁을 한 위탁자는 사회공헌이라는 가치를 만들고, 더 나아가 상속문화 개선, 기부문화 확산까지 도모할 수 있다. 부천희망재단은 2001년 설립 이후 시민의 문화적 감성을 높이고 지역 문화예술의 발전을 이끌어 온 대표적인 재단이다. 더불어 기부문화 생태계 조성에도 앞장서서 기부 매뉴얼을 만들기도 했다. 부천희망재단의 김범용 상임이사를 만나 신탁의 현재와 미래를 살펴보는 시간을 가졌다.

Q1 '신탁'은 어떤 개념인가요?

저는 신탁을 간단히 말해 '유언장 없이도 내 재산을 내 뜻대로 넘기는 방법'이라고 이해합니다. 내가 살아 있는 동안에는 내가 수익자가 되어 재산을 쓰고, 사후에는 신탁 계약에 적힌 내 의지대로 수탁자가 자산을 이전해 주죠. 무엇보다 신탁은 중도 해지와 변경이 가능해요. 살아 있는 동안 마음이 바뀌면 다시 설계할 수 있는 유연성이 있습니다. 요즘처럼 치매 등으로 판단능력이 급격히 저하될 수 있는 시대에는 정신이 온전할 때 미리 설계해 두는 것이 재산을 지키는 가장 현실적인 방법입니다.

Q2 특히 신탁이 필요한 사람들은 어떤 분들인가요?

혼자 사는 고령자, 가족과 단절된 분들, 의사결정능력이 약해질 위험이 있는 분들입니다. 예를 들어, 최근 상담한 52년생 어르신은 미혼이고 형제와도 연락이 거의 없었어요. 아파트도 있고 재산도 있지만, 몸이 아프니 갑자기 '살아생전에 재산을 다 넘기겠다'라며 메모지 한 장에 통장 비밀번호까지 적어 오셨습니다. 이런 방식은 너무 위험합니다. 누군가 악용할 가능성도 크고, 어르신 본인의 의도대로 사용될 보장도 없어요. 하지만 이런 분들이 갈 곳이 없다는 게 문제죠. 복지관, 교회, 지자체 어디에서도 신탁 상담을 체계적으로 할 곳이 없습니다. 그래서 저는 신탁은 특정 계층의 문제가 아니라 사실상 '전 국민의 문제'라고 생각해요. 상속 분쟁, 고독사, 치매, 무연고 사망 등 여러 위험을 한 번에 해결할 수 있는 제도가 신탁이거든요.

▎Q3 일본의 '치매머니' 문제와 관련하여, 한국도 비슷한 위험이 있을까요?

일본은 치매에 걸려 자산관리를 못 하게 돼 국가가 관리하게 되는 자산이 약 2,500조 원에 달한다고 합니다. 문제의 핵심은 본인의 의지가 반영되지 못한다는 거죠. 우리나라는 어떨까요? 그동안 이러한 문제를 제대로 인지하지 못하고 논의도 시작하지 못했죠. 하지만 고령화 속도도 일본보다 더 빠르고, 1인 가구 증가율도 훨씬 높습니다. 따라서 한국도 조만간 '치매머니' 문제가 크게 터질 거라고 봅니다. 신탁은 이런 상황을 예방할 수 있는 거의 유일한 제도입니다. 내가 살아 있을 때 내 의지를 문서화해 두면, 나중에 판단능력이 상실되더라도 재산은 내 뜻대로 사용될 수 있거든요.

▎Q4 '은행 신탁'과 '민사신탁'은 어떤 차이가 있나요?

은행 신탁은 구조가 복잡하고 수수료가 상당히 높습니다. 수탁자가 은행이다 보니 임대료 관리, 자산 처분, 각종 보고 등 절차가 많고 실무자들도 순환보직이라 전문성이 쌓이기 어렵죠. 또 어떤 기관은 신탁을 아예 받아주지 않는 곳도 있습니다. 그래서 저희는 법무법인과 함께 비영리 민사신탁 모델을 직접 만들었습니다. 위탁자, 수탁자, 수익자가 모두 재단인 구조입니다. 부동산 등이 대상 자산이 될 수 있고, 계약 후 등기까지 완료합니다. 이 방식은 첫째, 비용이 적고, 둘째, 재단이 직접 관리해 투명하고, 셋째, 기부자의 의지를 가장 명확하게 반영할 수 있습니다. 실제로 아파트 한 채를 민사신탁으로 등기한 사례가 있는데, 한국에서는 거의 처음 시도된 구조라고 하더라고요.

| Q5 신탁은 '신뢰'가 가장 중요하다고 하죠. 그 신뢰는 어떻게 생기나요?

신뢰는 '말'이 아니라 '행동'에서 생깁니다. 저희는 신탁을 체결한 분들과 정기적으로 연락하고, 매일 안부 전화를 드리고, 아프면 병원도 직접 모시고 갑니다. 어떤 분은 10년, 20년 뒤에 신탁이 집행될 수도 있어요. 그 기간 동안 관계와 예우를 유지하는 것이 필수죠. 기부자, 신탁자는 마음을 다 느낍니다. '저 재단이 나를 진심으로 챙기는구나'라는 확신이 있어야 수십 년 인생의 재산을 맡기는 겁니다. 계약서가 법적 신뢰라면, 관계는 인간적인 신뢰입니다. 두 가지 모두 필요합니다.

| Q6 '사회적 상속'이라는 개념을 강조하신다고요. 이는 어떤 의미인가요?

사회적 상속은 '나의 재산을 지역과 사회에 의미 있게 남기는 것'을 말합니다. 예를 들어 기부자가 그냥 장학금을 주는 것보다 촉법소년을 지원한다거나 기후위기 단체 인건비를 지원한다거나 장애인 시설 지원 문화 · 예술 활동 지원 등 더 사회적으로 의미 있는 방향을 원하시는 경우가 많아요. 사람은 누구나 '내 돈이 가치 있게 쓰였으면 좋겠다'는 마음이 있습니다. 그 욕구를 설계해 주는 것이 사회적 상속이고, 신탁이 그 구조를 만들어 줘요. 지역재단이 중심이 되면 지역에서 번 자산이 다시 지역으로 환원되는 선순환 구조를 만들 수 있습니다.

Q7 신탁과 사회적 상속이 활성화되려면 무엇이 개선되어야 할까요?

다섯 가지가 핵심입니다. 첫째, 신탁 · 유언 · 상속 교육을 지역에서 본격적으로 해야 합니다. 신탁은 설명을 들으면 다 이해합니다. 그렇게 어려운 개념이 아니에요. 문제는 아예 들을 기회가 없다는 거예요. 둘째, 신탁 상담 · 교육 인력을 양성해야 합니다. 정년퇴직 교사, 공무원, 사회복지사 등 지역 기반 인력들이 교육을 받으면 충분히 상담자가 될 수 있습니다. 지자체가 조례로 활동비를 지원하면 지속 가능해요. 셋째, 공공 · 비영리 · 은행 협력 모델이 필요합니다. 지금 공공신탁 시범사업은 치매 중심인데, 1인 가구, 중장년, 고령층 등으로 확대할 필요가 있습니다. 넷째, AI 기반 '신탁 에이전트' 시스템이 꼭 필요합니다. 서류, 절차, 상담 프로세스는 AI가 표준화할 수 있어요. 신탁자 관리, 일정 관리, 리스크 관리도 가능합니다. 다섯째, 지역재단의 전문성을 더 강화해야 합니다. 변호사, 세무사, 법무사, 회계사가 함께 움직이며 재단의 운영 투명성, 지속성을 확보해야 합니다.

Q8 왜 지금, 신탁이 더 중요한 시기라고 보십니까?

한국은 세계에서 가장 빠르게 고령화되고 있고, 고독사도 급증하고 있습니다. 1인 가구는 역대 최고입니다. 그런데 재산은 그대로 남고, 본인이 전혀 원하지 않는 친척에게 상속되거나 국가로 귀속되는 사례가 비일비재해요. 저는 지금이 사회적 상속을 제도화할 마지막 좋은 시기라고 봅니다. 지금 준비하면 무연고 상속 문제, 치매머니 문제, 지역사회 재원 부족 문제, 문화 · 예술 생태계 취약성, 빈곤 · 돌봄 문제, 이런 문제들을 한 번에 해결할 수 있습니다. 사회적 상속이 활성화되면 정부 예산보다 훨씬 크고 유연한 공익 자원이 생깁니다. 신탁은 '돈을 어떻게 나누는지의 기술'이 아니라 '삶의 의지를 지키는 기술', 그리고 '사회적 자산을 만드는 출발점'입니다. 누구나 필요한 제도지만 아직 한국에서는 낯설고 접근하기 어려운 영역입니다. 제도를 정비하고, 교육하고, 사회적 상속 문화를 만들면 한국 사회는 완전히 다른 구조를 갖게 될 것입니다.

"수탁자 중심에서 위탁자 중심으로 신탁의 축을 되돌려야 해요."

김태준

- 서울대학교 경영학과 학사, 차 의과학대학교 일반대학원 고령친화 산업학과 석사
- 제이플러스파이낸셜(자산관리 전문기업) 대표 컨설턴트, 한국투자 신탁 · 동부건설 · 푸르덴셜생명 투자 및 자산관리, 휴맥스 상임감사
- (사)한국헬프에이지 이사(노인참여나눔터 사업 PM), (사)한국로타리 청소년봉사위원장 & 미래발전위원장, 매일경제 칼럼리스트, KOVA 벤처기업협회 ICT위원, 경기지방중소벤처기업청 사회적 프로보노 위원
- 저서 : 〈세상의 돈자루를 쥐어라〉

한국 사회는 이제 '자산 시대'로 진입했다. 노동소득보다 자산운용의 비중이 커지고, 저성장과 저금리 환경에서 개인은 더 이상 스스로의 힘으로 자산을 지키고 키우는 게 어려워졌다. 그래서 신탁이 부상한다. 하지만 현재의 신탁 시장은 위탁자(고객) 중심이 아니라 수탁자(은행) 중심으로 굳어지고 있다. 자산관리 전문회사를 운영 중인 김태준 대표를 만나 이러한 현상에 대해 묻고 앞으로의 개선 방향에 대해 알아봤다.

Q1 신탁의 가장 본질적인 정의는 뭘까요?

신탁은 어렵게 보면 복잡하지만, 아주 쉽게 말하면 '부탁'에서 시작된 제도입니다. 내가 뭔가를 믿을 만한 사람한테 맡기고, 그 사람이 내 목적대로 잘 관리해 주길 바라는 거죠. 그런데 이것이 단순히 부탁이 아닌, 법적으로 정교해지면서 위탁자-수탁자-수익자 3자 관계의 계약이 된 거예요. 즉, 위탁자가 자기 재산이나 권리를 수탁자에게 맡기고, 수탁자가 그걸 관리 · 운용 · 처분해서, 그 이익이 수익자에게 돌아가게 하는 구조죠. 신탁의 핵심은 세 가지입니다. 맡기는 사람(위탁자), 맡아주는 사람(수탁자), 혜택받는 사람(수익자).

Q2 신탁이 왜 '신뢰'라는 단어와 같이 가는 건가요?

신탁이란 말 자체가 영어로 'Trust'잖아요. 한국말로는 '믿을 신(信), 맡길 탁(託)'이에요. 그 안에 이미 답이 있어요. 결국 신탁은 신뢰가 없으면 성립이 안 되는 제도입니다. 수탁자는 '전문성'도 있어야 하지만, 그 전문성이 위탁자의 목적을 선량한 관리자의 의무로 달성해 주는 신뢰로 연결돼야 하죠. 이게 빠지면, 신탁은 그냥 형식만 남습니다.

Q3 신탁의 역사적 시작을 십자군 전쟁 얘기로 설명하는데요. 그 맥락을 조금 더 풀어주신다면요?

옛날 십자군 전쟁 때 영주들이 전쟁터에 나가면 몇 년 있다 살아서 돌아올지, 죽을지 모르잖아요. 그런데 내가 가진 땅이든 권리든 그 사이에 누가 관리도 해야 하고, 내가 죽으면 내 의지대로 계승도 돼야 하고 골치가 아픈 거죠. 그래서 내가 가진 재산을 믿을 만한 사람에게 맡기고, "내가 돌아올 때까지 잘 돌봐줘. 그리고 내가 못 돌아오면 내가 원하는 사람에게 넘겨줘." 이게 신탁의 원형입니다. 내 재산을 보호하고 내 의도대로 승계하려는 인간의 본능에서 나온 거예요.

Q4 산업혁명, 자본주의로 넘어가면서 신탁이 더 커졌다고 하는데, 어떤 의미일까요?

산업혁명 이후에 재산이 엄청 다양해지고 규모가 커지잖아요. 토지나 권리 중심에서 상업자산, 금융자산이 생기면서 신탁이 더 중요해집니다. 자본주의라는 건 결국 개인의 사유재산을 인정하고, 그 재산이 계약을 통해 이동하고 활용되는 구조예요. 신탁은 그 과정에서 자산을 모으고, 운용하고, 신용을 창출하는 기반이 됐죠. 미국이 자본주의의 메카가 된 것도 계약과 신뢰가 제도적으로 강하게 작동했기 때문입니다.

Q5 지금 한국이 '자산 시대'라고 보시잖아요. 그게 신탁과 어떻게 연결되나요?

예전엔 노동으로 벌어서 사는 시대였습니다. 그런데 이제는 노동소득보다 자산운용으로 벌어들이는 비중이 커지는 시대예요. 자산이 쌓였다는 뜻이고, 그러면 자연히 관리와 이전의 문제가 생깁니다. 게다가 지금은 저성장 · 저금리 시대잖아요. 개인이 혼자서 자산을 지키고 늘리기가 더 어렵고 불안해요. 그러니까 전문성을 가진 기관에 맡기려는 수요가 생길 수밖에 없고, 그 솔루션 중의 하나가 신탁이죠.

| Q6 그런데도 한국에서 신탁 인지도는 낮다고 하셨죠? 왜 그런 걸까요?

신탁은 원래 맞춤형 계약입니다. 사람마다 목적이 다 달라요. 그런데 한국은 그걸 상품처럼 일반화해서 광고하고, 판매하기가 구조적으로 어려운 규제 환경이 존재해요. 그리고 더 큰 이유는 시장 자체가 위탁자 중심이 아니라 수탁자 중심으로 굳어졌기 때문입니다. 고객 목적에 맞춰 설계되어야 하는데, 현실은 은행이나 금융기관 편의대로 돌아가니 대중이 체감할 기회가 없죠.

| Q7 대표님이 짚은 핵심 문제 중 하나가 '나열주의 규제'였어요. 쉽게 말하면 어떤 문제인가요?

지금 한국은 신탁할 수 있는 자산을 '이것만 된다'라고 열거해 놓았어요. 그런데 개인의 니즈는 너무 다양하거든요. 그래서 원래는 "다 해 봐라. 대신 이건 하지 마라." 이런 식의 포괄주의(네거티브 규제)로 가야 맞는 겁니다. 그래야 상품이 다양해지고, 신탁이 진짜 생활 속 제도가 됩니다.

| Q8 진입장벽 얘기도 하셨어요. 스몰 라이선싱이 필요하다고요.

맞아요. 지금은 신탁이 금융기관만 다루는 영역처럼 돼버렸습니다. 그런데 신탁이 커지려면 고객 접점이 많아져야 하잖아요. 예를 들어 사회복지사, 요양기관, 지역 전문가처럼 신뢰받는 사람들이 고객의 기본 니즈 파악과 연결 역할을 하고, 뒤에서는 변호사 · 세무사 · 운용 전문가가 붙는 구조, 이게 스몰 라이선싱입니다. 지금처럼 '안 된다고 막아버리기만 하면' 사람들은 결국 우회로를 만들어요. 그게 변칙이고, 결국 제도 왜곡으로 이어집니다.

Q9 시장이 '수탁자 중심'이라는 말이 계속 나오는데, 그게 체감상 어떤 문제로 드러나나요?

지금 신탁은 보통 매년 관리수수료를 고정적으로 떼는 구조입니다. 0.3%에서 1%까지도 떼고, 집행비와 계약비도 따로 떼죠. 이게 10년 맡기면 자산의 10%가 수수료로 나가는 셈이에요. 그런데 고객 입장에선 "그럼 당신들이 해준 게 뭐냐?"는 의문이 생깁니다. 신탁은 원래 목적 달성을 해야 의미가 있는데, 현실은 '보관 위주+안전자산 위주'로 가면서 이익을 못 내주는 경우가 많고, 관리 · 리밸런싱도 제대로 안 돼요. 그러니까 위탁자는 손해를 보는데 이유를 잘 모르는 구조가 되는 거죠.

Q10 그럼 신탁이 진짜 제 역할을 하려면 뭐가 달라져야 할까요?

첫째, 상품이 많아져야 합니다. 포괄주의로 가서 다양한 니즈를 받아야죠. 둘째, 시장이 위탁자 중심으로 재편돼야 합니다. 수탁자가 편하게 수수료를 받는 구조가 아니라, 목적을 달성해야 보상을 받는 구조가 돼야죠. 셋째, 신탁이 사익 · 탈세 도구로만 가면 안 됩니다. 타익신탁, 공익신탁이 커져야 신탁의 의미가 살아요. 신탁은 원래 부의 건전한 이전과 사회적 환원까지 가는 제도거든요.

Q11 성경 구절도 신탁 철학과 연결된다고요?

누가복음 12장을 봤는데 '어디에 보물을 쌓고 있느냐'는 말이 딱 나오더라고요. 신탁도 결국 '내가 가진 걸 어디에, 어떤 목적을 위해 쌓을 것이냐'의 문제예요. 신탁이 돈을 맡기는 기술 같지만, 사실은 목적과 신뢰의 문제입니다. 철학이 없으면 전문성만 남고, 그러면 사람들은 "탈세 어떻게 하지?" 같은 나쁜 방향으로만 쓰게 돼요. 신탁을 선하게 쓸 철학이 사회적으로 공유될 때 제도가 제대로 발달합니다.

Q12 마지막으로, 신탁에 관심 있는 사람들에게 한마디로 정리해 주신다면요?

신탁은 어렵게 보면 끝이 없어요. 그런데 본질은 간단합니다. "나는 무엇을 보호하고 싶은가, 누구에게 어떻게 넘기고 싶은가." 이 질문이 명확해야 신탁도 살아 움직입니다. 그리고 제도는 시민들의 의식 수준을 따라가요. "사회가 성숙하면 신탁은 자연스럽게 공익과 미래를 향해 갈 수밖에 없다." 저는 그렇게 믿습니다.

"신탁, 생애 자산관리 도구로서의 관심 증대"

김병태

- 서울대학교 생활과학대학 소비자학과 박사
- (現) 한국FPSB 본부장
- (前) 삼성생명 교육팀 지점장
- 미국 CFP, 경영지도사, 라이프 코치
- 한국FP학회 발기인 및 정회원, 금융위원회 공적 금융상담서비스 기획 및 매뉴얼 제작, 금융감독원 금융자문 매뉴얼 제작

한국FPSB(Financial Planning Standards Board)는 국제기준에 부합하는 재무설계사 양성을 통해 재무설계와 금융교육 등 금융소비자가 필요로 하는 다양한 활동에 앞장서고 있다. 미래의 신탁도 제대로 된 교육 시스템을 통해 전문가 양성이 뒷받침되어야 한다. 한국FPSB의 김병태 본부장을 만나 신탁아카데미가 갖춰야 할 시스템을 물어봤다.

Q1 교육 사업 관점에서 보셨을 때, '신탁'은 어떤 의미인가요?

신탁이라는 게 법률적 정의도 있지만, 자산관리 관점에서 보면 훨씬 넓게 이해할 수 있습니다. 예전에는 거의 유언대용신탁 수준, 즉 사후 이전에만 집중된 형태였거든요. 그런데 지금은 생전의 자산관리부터 사후 이전까지를 하나의 툴로 이어주는 방식으로 바뀌고 있습니다. 우리는 기존에 축적(Accumulation)과 이전(Transfer)을 분리해서 다뤘는

데, 신탁은 그걸 한꺼번에 할 수 있으니까 새로운 자산관리 제도이자 기술이라고 볼 수 있죠.

Q2 그렇다면 이런 신탁이 필요한 사람들, 즉 대상층은 누구라고 보세요?

신탁이 필요한 대상층을 자산 규모로 나누는 건 큰 의미가 없습니다. 사람이 가진 재산이 1억이든 100억이든, 본인 입장에서는 100% 자기가 지켜야 할 자산이거든요. 중요한 건 자산의 크기가 아니라 관리 능력이 부족한지, 생전 관리와 사후 이전의 니즈가 있는지 이 두 가지를 살피는 것입니다. 특히 일본 사례를 보면 '가족신탁'이 매우 보편적으로 쓰이는데, 자산 규모와 관계없이 본인에게 필요한 방식으로 활용합니다.

Q3 초고령사회가 되면서 신탁 수요가 더 커질까요?

네, 그런데 의외로 후기 고령층(80세 이상)보다 액티브 시니어층(베이비붐 1~2세대)의 수요가 더 큽니다. 이분들은 학력도 있고 자산도 어느 정도 있고 기내수명도 길어요. 생전 자산 활용에도 관심이 크고, 자녀에게 '내 뜻대로, 합리적으로' 재산을 넘기고 싶어 하는 경향도 강합니다. 그래서 이들이 신탁의 주요 고객이 될 것입니다.

Q4 그렇다면 현재 우리나라 제도 환경은 어떤가요? 활성화가 잘 안 되는 이유는요?

솔직히 말씀드리면 아직 많이 부족합니다. 신탁법은 있지만, 시장이 활발하게 굴러가는 구조라고 보긴 어려워요. 수탁자를 누구로 둘지, 책임과 권한을 어디까지 줄지, 소비자 보호 장치를 어떻게 할지 이런 게 명확하지 않아요. 책임과 권한이 확실해야 시장에 플레이어들이 들어옵니다. 그래도 최근에는 보험금 신탁이나 치매머니와 같은 공공신탁 시범사업이 등장하면서 조금씩 바뀌는 흐름이 보입니다.

Q5 해외는 어떤가요? 미국·일본·유럽과 비교하면 어떤 차이가 있나요?

해외는 굉장히 앞서 있어요. 생전신탁 시장이 매우 크고 가족신탁도 활발합니다. 수탁자도 개인, 변호사, 전문가 등 선택지가 다양하고, 사례에 따라 설계를 자유롭게 할 수 있어요. 미국과 유럽은 대륙법 체계라서 사례에 따른 설계 폭이 넓고, 위탁자 보호와 소비자 보호에 대한 규칙도 잘 정비돼 있습니다.

Q6 신탁 교육이나 전문가 양성은 왜 중요할까요?

이유는 간단해요. 과거에는 축적은 축적, 이전은 이전, 이렇게 필요에 따라 각자 도구를 따로 썼습니다. 그런데 이제는 이 모든 걸 신탁 하나로 할 수 있는 시대가 왔어요. 그러면 당연히 그걸 제대로 설계하고 운영할 전문가가 필요합니다. 소비자를 보호하면서도 위탁자의 의사를 충실히 반영할 수 있는 전략가가 있어야 하는 거죠.

Q7 신탁 자격증이나 전문가 교육은 왜 민간이 해야 한다고 생각하세요? 국가 자격증이 더 낫지 않나요?

대부분의 국가에서 신탁 자격증은 민간 자격입니다. 신탁 판매를 위한 국가 자격을 운영하는 나라는 거의 없어요. 민간이 만드는 이유는 간단합니다. 신탁은 사람의 개인적 상황, 가족력, 건강상태, 생애계획과 아주 밀접하게 연결된 분야라 유연성이 필수입니다. 어떠한 자격에 있어 국가가 법으로 진입장벽을 만드는 이유는 무분별한 난립을 막아 소비자를 보호하고자 하는 취지입니다. 그런데 신탁이 가지는 특성으로 볼 때, 신탁 자격증은 국제공인재무설계사(CFP) 자격처럼 전문성과 윤리성을 바탕으로 하는 시장 신뢰 기반의 민간 자격이 가장 현실적이라고 봅니다.

Q8 한국형 신탁 자격증을 만든다면 어떤 커리큘럼이 필요할까요?

크게 보면 이런 구성이어야 합니다. 첫째, 한국 법과 제도의 이해, 둘째, 위탁자와 수익자 보호 체계, 셋째, 신탁 구조와 설계 실무, 넷째, 고객 니즈 분석 능력, 다섯째, 금융 소비자 보호와 윤리, 여섯째, 장기 모니터링 역량입니다. 신탁은 생전부터 사후까지 이어지는 관계라 기간이 매우 깁니다. 이게 제대로 갖춰져야 소비자도 '아, 이 사람은 믿고 맡길 수 있겠다'라고 느낄 수 있어요.

Q9 그럼 이런 자격증을 시장에 자리 잡게 하려면 무엇이 필요할까요?

세 가지가 필요합니다. 첫째, 시장의 인식 개선입니다. 신탁이 왜 초고령사회에서 필요한지 꾸준히 알려야 합니다. 둘째, 금융기관이 동참해야 합니다. 은행 · 증권 등 기관과의 협업이 필수입니다. 직원 교육, 보수 교육 등으로 연결되면 자연스럽게 확산할 수 있습니다. 셋째, 탄탄한 상품이 필요합니다. 자격증에서는 구조화된 교육 커리큘럼이 곧 상품입니다. 신탁에 대한 전문성과 고객에 대한 윤리성을 제대로 담보할 수 있는 커리큘럼이 필요합니다.

Q10 민간단체가 신탁 자격증을 만든 후의 로드맵은 어떤 모습일까요?

그림은 이렇게 그려질 거예요. 먼저 자격과 커리큘럼을 민간이 만듭니다. 금융기관이 직원 교육 · 보수 교육 형태로 참여하면, 시장에 '신탁 전문가'라는 브랜드가 형성됩니다. 이렇게 제도 변화가 따라오면 시장은 더 커지겠죠. 보험설계사처럼 법정 자격으로 가는 구조가 아니라, 시장 신뢰 기반의 민간 자격 모델로 자라는 구조입니다.

Q11 신탁 산업이 앞으로 한국에서 어떻게 자리 잡을 것으로 보세요?

신탁은 앞으로 정말 중요한 도구가 될 겁니다. 치매 대비, 1인 가구 증가, 가족구조 변화, 액티브 시니어 증가 등 이런 급격한 사회 변화가 신탁 수요를 크게 키우고 있거든요. 생전에는 자산을 효율적으로 쓰고 사후에는 내 의사대로 이전하고, 이 두 가지를 동시에 충족할 수 있는 도구가 신탁밖에 없어요. 그래서 결국 신탁은 '특별한 사람들만의 도구'가 아니라 평범한 국민들의 생애 자산관리 도구가 될 거라고 봅니다.

"신탁은 재산관리가 아니라 삶을 지켜주는 제도입니다."

소순무

- (現) 법무법인 가온 고문변호사, 한국후견협회 명예회장
- (前) 법무법인 율촌 대표변호사, 한국세법학회 회장, 대한변호사협회 부협회장 & 총회의장, 서울중앙지법 부장판사
- 국민훈장 무궁화장 수훈

신탁의 본질은 믿고 맡기기 위해 재산 소유권을 이전해 관리, 승계, 보호가 가능하게 하는 법적 제도다. 한국은 아직 법적 신탁 문화가 낯설다. 하지만 그 어느 때보다 신탁의 법적 체계화는 필요해지고 있다. 고령자의 증가, 장애인의 처우 개선 문제 등 재산범죄와 생활불능 위험에 노출된 이들을 보호하려면 법적 제도화가 시급하다. 한국후견협회 명예회장을 맡고 있는 소순무 변호사를 만나 이 문제를 짚어봤다.

Q1 변호사님, 먼저 '신탁'을 어떻게 정의하시는지 궁금합니다.

우리 국민이 가장 익숙하게 아는 '신탁'은 사실 명의신탁입니다. 그러나 그것은 진짜 신탁이 아니라 이름만 빌리는 관행에 가까운 것이죠. 우리가 말하는 '법적 의미의 신탁'은 우리 사회에 들어온 지 그리 오래되지 않았습니다. 신탁제도는 흔히 십자군 전쟁에서 유래했다고 설명됩니다. 당시 수년간 전쟁터에 나가 있는 동안 남겨진 가족의 재산을 누구에게 믿고 맡길 것인가, 그 필요에서 생겨난 제도죠. 반면 한국은 예전에는 유배를 가도 연락이 닿을 정도로 국토가 좁았고, 전쟁도 길게 이어가는 경우가 거의 없었습니다. 그러다 보니 신탁이라는 제도의 필요성이 상대적으로 약했습니다. 그런데 지금은 상황이 완전히 달라졌습니다. 초고령사회가 되면서 가족은 흩어지고, 1인 가구와 독거노인이 급격히 늘고 있습니다. 과거에는 부모, 조부모가 늙으면 자녀 또는 손주가 돌봤지만 이제는 그 역할을 대신해 줄 '사회적 시스템'이 필요합니다. 그 역할을 하는 것이 바로 신탁입니다.

I Q2 지금 특히 신탁이 꼭 필요한 사람들은 누구일까요?

대표적으로 발달장애 자녀를 둔 부모들입니다. 부모가 세상을 떠난 후 누가 아이를 돌보고 재산을 관리할 것인가, 이건 정말 절박한 문제죠. 그래서 장애인 신탁제도에 대한 요구가 많고, 법적 규제도 완화되는 추세입니다. 이미 국민건강보험공단은 발달장애인 공공신탁업무를 시작했습니다. 또는 노부부나 독거노인입니다. 나이가 들면 세금, 금융자산, 각종 공과금 등 일상적인 관리가 어렵습니다. 인지능력까지 떨어지면 체납, 연체, 사기 노출 등의 문제가 곳곳에서 생깁니다. 후견제도도 있지만 이미 일본 사례를 보면, 친족 후견이 사라지고 전문 후견인이 85%까지 늘었습니다. 하지만 전문 후견은 비용 부담이 큽니다. 그래서 금융기관과 결합된 신탁이 더 실질적인 대안이 될 가능성이 큽니다.

Q3 그렇다면 신탁이 필요한 가장 큰 이유는 무엇인가요?

첫째, 고령자 증가와 가족 돌봄의 약화입니다. 돌봄의 공백이 커지면서 재산 · 생활 관리가 어려워지고, 각종 재산범죄에 쉽게 노출되는 환경이 되었습니다. 둘째, 경제적 관점에서도 신탁은 필요합니다. 일본의 치매머니처럼 고령자의 자산이 묶여버리면 사회 전체의 자금 흐름이 막히는 문제가 생깁니다. 한국 또한 같은 문제로 고민하기 시작했습니다. 신탁은 이 자산을 안전하게 관리하면서도 활용할 수 있게 해 경제적 활력에도 기여합니다.

Q4 기억에 남는 신탁 사례가 있으시다면 소개해 주실 수 있을까요?

세월호 사건 때 후견 · 신탁 관련 사건이 있었습니다. 부모를 잃고 혼자가 된 아이들이 있었는데, 상당한 보상금이 지급되다 보니 그 재산을 누가 어떻게 관리할 것인가가 문제였습니다. 법원에서 후견 신탁을 명하여, 전문 후견인 대신 신탁 구조를 통해 장기간 안정적인 관리를 하도록 했습니다. 미성년이 성년이 될 때까지 최소 10년 이상 장기 관리가 필요했기 때문에 신탁이 중요한 역할을 했던 사례입니다.

Q5 후견제도가 잘 작동하지 않는 이유는 무엇이라고 보시나요?

핵심은 구심점이 없다는 것입니다. 복지부, 법원, 지자체 등 각 부처가 제각각이고, 공공후견도 미성년 · 치매 · 정신장애 · 발달장애 등 4가지 축으로 부처가 모두 나뉘어 있습니다. 게다가 법원의 역할도 불명확합니다. 후견 판사 수는 턱없이 부족한데, 감독까지 모두 떠안고 있습니다. 지원인력으로 사법보좌관 업무 확장 활용, 후견 전문 조직 신설 등이 필요하지만 논의가 진전되지 못하고 있습니다.

Q6 로펌 주도의 신탁 사업은 어떻게 보시나요? 활성화될까요?

로펌은 재산을 '관리'할 능력이 없습니다. 고객 상담과 설계는 가능하지만 실제 운용은 금융기관이 맡아야 합니다. 그래서 민사신탁이 활성화되기보다는 결국 금융기관과 결합된 상사신탁 중심이 될 수밖에 없습니다. 민사신탁으로 지역사회 기반의 '작은 신탁'도 가능하지만, 비용 부담과 인력 구조상 한계가 뚜렷합니다.

Q7 금융기관(PB, 패밀리오피스)이 신탁을 하는 데 장애물이 있다면 무엇인가요?

크게 세 가지입니다. 첫째, 금융기관은 고액 자산가 중심 구조입니다. 일반 고객 대상은 수익성이 낮기 때문에 100억, 200억 이상 자산가 중심의 서비스가 됩니다. 둘째, 직원 순환보직 문제가 있습니다. 지속적인 고객 관리가 어렵고 전문성이 축적되지 않습니다. 셋째, 신탁 수수료 기반 비즈니스의 미성숙입니다. 한국은 서비스에 비용을 내는 문화가 약해 '서비스=무료'라는 인식이 강합니다. 신탁 수수료만으로는 운영이 어려운 게 사실이죠. 그래서 결국 신탁이 '모두의 제도'가 되기 위해서는 금융, 복지, 지역 커뮤니티가 결합한 새로운 모델이 필요합니다.

Q8 유언장 문화와 신탁은 어떤 관계인가요?

유언장을 써보는 것이 이 모든 것의 출발점입니다. 우리 국민은 유언 쓰기를 꺼립니다. 죽음을 회피하는 문화 때문이죠. 하지만 유언장을 써 보면, "내 삶을 어떻게 정리해야 할까?", "내 의사를 어떻게 반영할 수 있을까?" 하는 근본적인 질문을 하게 됩니다. 일본은 '유언장 보관 제도'를 국가가 운영합니다. 누가, 언제, 어떤 유언을 썼는지 명확하기 때문에 분쟁이 거의 없습니다. 한국은 유언이 찢어지거나, 위조되거나, 작성 시의 정신능력을 트집으로 다툼이 생기거나 등 문제투성이죠. 유언 문화가 먼저 자리 잡아야 신탁도 자연스럽게 확산됩니다.

Q9 유산 기부와 신탁은 어떻게 연결될까요?

독신 여성, 독거 고령자의 경우 재산을 친인척에게 모두 남기지 않는 흐름이 이미 시작되었습니다. 자신의 생활이 어려워지면 신탁을 통해 케어를 받고, 사후에는 사회에 기부하는 구조가 확산될 것입니다. 미국에서도 많이 보이죠. 이때 신탁이 매우 유효한 수단이 됩니다. 신탁기관은 생전에는 생활·요양 지원을 하고, 사후에는 자산을 기부하도록 신탁계약을 통해 고스란히 실현할 수 있습니다.

Q10 사회복지사, 요양보호사 등 '사람 중심의 전문가'를 신탁/후견 분야에서 양성하는 방안에 대해 어떻게 보시나요?

아주 중요한 관점입니다. 후견의 실무는 사회복지사가 가장 많이 담당합니다. 그러나 전문 교육, 자격, 운영비 등 인프라가 부족합니다. 민간 자격 '후견사'를 만들자는 논의도 있었지만 재원과 제도적 뒷받침이 없어 진행되지 못했습니다. 다만 장기적으로는 후견 · 신탁 코디네이터, 고령자 자산 · 생활 관리 전문가, 지역 기반 관리자 같은 역할이 반드시 필요합니다. 이를 위해서는 법원 인정 기준 교육 체계, 민간 · 공공 협력, 지역 커뮤니티 기반 감시체계가 함께 갖춰져야 합니다.

Q11 마지막으로, 신탁제도의 발전을 위해 무엇이 가장 시급하다고 보시나요?

한마디로 정리하면, 철학 · 제도 · 시장 · 교육 · 커뮤니티가 모두 유기적으로 이어지는 생태계 구축입니다. 현재 법 제도는 파편화되어 있고, 금융은 고액 중심이고, 복지는 예산만 바라보고, 지역사회는 붕괴되어 있습니다. 신탁은 단순한 금융상품이 아니라 고령사회의 존엄한 삶을 결정하는 기반 제도입니다. 유언 문화에서 출발해, 후견 · 신탁 · 복지 · 기부까지 이어지는 통합적 구조를 만드는 것이 한국 사회의 당면 과제라고 생각합니다.

"웰다잉 관점에서 신탁은 죽음 이후에도 자기결정권을 행사하는 마지막 장치"

원혜영

- 서울대학교 사범대학 역사교육과 학사
- (現) 웰다잉문화운동 공동대표
- (前) (주)풀무원식품 창업, 제16, 17대 부천시장, 제14, 17~20대 국회의원, 웰다잉 문화 조성을 위한 국회의원 모임 공동대표
- 저서 : 〈발상을 바꾸면 시민이 즐겁다〉, 〈아름다운 도시를 만드는 55가지 지혜〉, 〈아버지, 참 좋았다〉, 〈마지막 이기적 결정〉

생애주기가 길어지면서 오히려 죽음에 대한 관심은 더 높아지고 있다. 한 번 태어난 인생이면 죽음에서 결코 자유로울 수 없다. 우린 불사신이 아니기 때문이다. 정계 은퇴 후 웰다잉 전도사로 활동하고 있는 원혜영 웰다잉문화운동 대표는 웰다잉을 위한 시작점에 신탁이 있다고 말한다.

Q1 웰다잉 관점에서 신탁이란 무엇인가요?

웰다잉 관점에서 신탁은 '자신의 죽음 이후에도 자기결정권을 행사하기 위한 마지막 수단'입니다. 단순한 법률적 재산관리 도구를 넘어서, 삶의 마지막을 스스로 설계하기 위한 철학적 도구라고 할 수 있습니다. 웰다잉은 '잘 죽는 것', 즉 삶의 마지막을 자신의 가치관과 존엄을 지키며 마무리하는 것을 의미합니다. 하지만 막상 임종이 닥치면 본인은 의식이 없거나 이미 이 세상에 없기에 자신의 뜻을 실행할 수 없죠. 신탁은 이러한 한계를 극복하게 해줍니다. 살아 있는 동안 자신이 원하는 재산 분배, 의료 결정, 장례 방식 등을 신탁계약에 미리 명시해 두면, 본인이 의사표현을 할 수 없게 된 후에도 전문적인 수탁자가 그 뜻을 끝까지 실행해 줍니다. 즉, 삶의 주인으로서 마지막 순간까지 자신의 뜻을 관철하는 자기결정의 장치인 것입니다.

Q2 웰다잉 자기결정권 관점에서 신탁이 필요한 이유는 뭘까요?

신탁이 필요한 이유는 크게 네 가지로 정리할 수 있습니다. 첫째, 예측 불가능한 상황에서도 자기결정권을 보장합니다. 갑작스러운 사고나 치매 진행 등으로 의사결정능력을 잃을 경우에도, 미리 설정한 신탁을 통해 본인의 의지가 지속적으로 실현됩니다. 둘째, 가족 간 갈등을 최소화하고 분쟁을 예방합니다. 명확한 상속 계획의 부재나 애매한 유언은 남겨진 가족들에게 갈등을 남깁니다. 신탁은 전문적이고 중립적인 집행자가 정확한 분배를 수행하므로 이러한 문제를 예방할 수 있습니다. 셋째, 가족의 부담을 경감시키고 돌봄 공백을 해소합니다. 죽음 준비를 안 해두면 중요한 결정과 뒤처리가 모두 가족의 몫이 되어 큰 부담을 주는데, 신탁을 통해 미리 준비해 두면 가족들이 슬픔을 추스르는 데만 집중할 수 있게 됩니다. 넷째, 품위 있는 죽음을 위한 실질적 준비 수단입니다. 호스피스 비용이나 장례비용을 사전에 적립하고, 본인의 가치관에 맞는 치료와 장례가 이뤄지도록 재정적으로 뒷받침하는 역할을 합니다.

Q3 웰다잉 자기결정권 관점에서 신탁이 특별히 필요한 대상은 누구인가요?

웰다잉 실천에 있어 특히 신탁을 고려해야 할 취약계층이 있습니다. 첫째, 고령자, 특히 인지능력 저하 위험이 있는 노인들입니다. 치매나 중증 질환으로 자기결정능력이 제한될 가능성이 높아, 미리 신탁을 통해 재산관리와 상속을 준비해 두는 것이 중요합니다. 둘째, 중증 질환자 또는 말기 환자입니다. 생명을 위협하는 질환을 진단받은 환자들은 시간이 촉박합니다. 그들이 남은 시간을 활용해 빠르게 자신과 가족을 위한 조치를 취할 수 있게 해야 합니다. 셋째, 비혼·독신 및 1인 가구입니다. 돌봐줄 직계 가족이 없어 죽음 준비에 취약하며, 장례를 치를 사람이 없거나 먼 친척에게 부담이 돌아가는 문제를 해결해야 합니다. 넷째, 가족관계가 복잡한 경우(재혼 가정, 미성년 자녀, 장애 자녀 등)입니다. 일반적이지 않은 가족 구성으로 인해 법정상속 규정만으로는 본인의 뜻을 제대로 반영하기 어려운 경우입니다.

Q4 웰다잉 관점 국내외 대표적인 사례는 무엇인가요?

세 가지의 사례가 있습니다. 첫 번째 사례는 일본의 '오히토리사마 신탁'입니다. 미쓰이스미토모 신탁은행이 2020년 4월에 출시한 독신자 전용 종합신탁 서비스입니다. 가족이 거의 없는 독거노인을 위해, 생전에는 주 1회 안부 전화와 간병 서비스 연결 등 생활 지원을 하고, 사후에는 장례 실시, 거주지 정리, 유품 정리, 반려동물 돌봄, SNS 계정 삭제까지 모든 사후 처리를 담당합니다. 잔액은 지정 상속인에게 전달하여 상속까지 완결하는 포괄적 서비스입니다.

두 번째 사례는 한국의 치매안심신탁입니다. 80대 초반의 A씨가 초기 치매로 판단력 저하를 우려하여 하나은행의 치매안심신탁을 활용한 사례입니다. A씨는 은행이 자신의 상가건물과 현금자산을 신탁받아 관리하도록 하고, 간병 상태에 처하면 의료비와 생활비를 대리 지급하도록 설정했습니다. 동시에 사후에는 세 딸에게 재산을 3분의 1씩 공평하게 상속하도록 하는 유언을 신탁에 포함하여, 치매가 진행되어도 경제적 안정과 공평한 상속을 보장받게 되었습니다.

세 번째 사례는 미국의 리빙 트러스트입니다. 캘리포니아의 한 은퇴 부부가 부모님 명의로 리빙 트러스트를 설정하여 집, 예금, 투자자산을 모두 편입한 사례입니다. 부모님 중 한 분이 치매에 걸려도 다른 한 분이 공동 수탁자로서 재산을 관리하고 치매 환자의 요양 비용을 신탁자금에서 집행할 수 있었습니다. 두 분이 모두 돌아가신 후에는 법원의 프로베이트(Probate, 미국 상속 절차) 없이 곧바로 자녀들이 재산을 상속받아, 시간과 비용을 크게 절약했습니다.

Q5 위 사례들이 주는 종합적인 시사점은 무엇인가요?

세 가지 사례가 제공하는 종합적 시사점은 다음과 같습니다. 첫째, 개인 맞춤형 자기결정권의 실현입니다. 각 사례는 개인의 특수한 상황(독신, 치매 위험, 복잡한 가족구조)에 맞춰 신탁을 설계함으로써, 획일적인 법정상속이나 사회적 돌봄으로는 충족할 수 없는 개인의 고유한 가치관과 선택을 존중하고 실현했습니다. 둘째, 시간의 연속성을 통한 존엄성 유지입니다. 신탁은 단순히 사후 처리만이 아니라 생전 돌봄부터 사후 상속까지 일관된 원칙으로 관리됨으로써, 개인의 존엄성이 생애 전체에 걸쳐 지속적으로 보장되는 체계를 제공합니다. 셋째, 사회적 갈등 최소화와 효율성 증대입니다. 명확한 신탁 설계를 통해 가족 간 상속 분쟁, 법적 절차의 복잡성, 사후 처리의 혼란 등을 예방하여, 개인의 뜻이 정확히 실현되면서도 사회적 비용을 줄이는 효과를 달성했습니다. 넷째, 금융기관의 사회적 역할 확대입니다. 세 사례 모두 금융기관이 단순한 자산 보관소를 넘어 생활 지원, 의료비 관리, 사후 처리까지 담당하는 종합적 라이프케어 서비스 제공자로 진화했음을 보여줍니다. 다섯째, 제도적 유연성의 중요성입니다. 각국의 법률적 차이에도 불구하고 신탁제도가 사회 변화와 개인의 다양한 요구에 맞춰 진화할 수 있는 유연성을 가지고 있음을 확인할 수 있습니다. 마지막으로, 웰다잉 문화의 선진화입니다. 이러한 사례들은 죽음을 터부시하지 않고 적극적으로 준비하는 성숙한 사회문화가 개인의 삶의 질 향상과 사회 전체의 안정성에 기여한다는 점을 명확히 보여줍니다. 결국 신탁은 개인의 자기결정권 실현과 사회적 효율성을 동시에 달성할 수 있는 혁신적 웰다잉 도구라는 것이 이 세 사례가 주는 핵심 메시지입니다.

09

신탁아카데미 소개

신탁아카데미의 목적과 사회적 배경

신탁아카데미는 초고령사회와 디지털 시대의 도래에 대응하기 위하여 설립된 전문 교육 프로그램이다. 국내에서는 베이비붐 세대가 65세 이상 고령 인구로 진입함에 따라 향후 20년 동안 신탁시장과 증여·상속시장에 미치는 영향이 클 것으로 전망된다. 또한 2025년 기준 65세 이상 인구는 약 1,051만 명으로 총인구의 20.3%를 차지하며, 2035년에는 30%, 2050년에는 40%에 이를 것으로 예상한다. 고령 인구가 늘어남에 따라 장래 사망자 수와 상속재산이 급격히 증가하고, 인지기능이 저하된 고령자 및 장애인을 위한 보호 제도에 대한 수요도 함께 증가하고 있다.

치매 환자가 보유한 자산 즉, 치매머니는 2023년 기준 154조 원 규모이며 2050년에는 488조 원에 이를 것으로 분석된다. 이러한 거대한 자산을 안전하게 관리하기 위해서는 후견, 신탁, 돌봄 서비스를 유기적으로 연계한 체계적 보호 시스템을 마련해야 한다는 지적이 제기되고 있다. 이에 발맞추어 정부 관계자들은 치매 고령자의 안전한 재산관리를 위해 민간신탁의 신탁재산 범위를 확대하고, 의료 · 간병비에 활용할 수 있도록 부동산 신탁 재산의 유동화를 허용하는 제도 개선을 추진하고 있다. 더 나아가 취약계층을 대상으로 하는 공공신탁 제도를 도입하고 돌봄 · 의료 · 요양시설과 연계하는 한국형 공공신탁 모델을 구축해야 한다는 제언도 있다.

금융위원회는 2022년 신탁업 혁신방안을 통해 종합재산신탁을 활성화하고 비금융 서비스와 결합한 신탁상품, 가업승계 · 주택 · 후견신탁과 같은 고령화 대응형 신탁을 확대하는 계획을 발표했다. 이러한 정책 환경은 신탁이 단순한 금융상품을 넘어 법무, 세무, 의료, 복지, 부동산 분야와 밀접하게 결합된 종합 서비스로 발전해야 함을 시사한다. 따라서 신탁아카데미는 금융이나 법률 전문가만의 영역을 넘어 다양한 직종과 기관이 참여하는 통합적 교육 플랫폼으로서의 역할을 설정하였다.

교육 대상과 필요성

신탁아카데미의 교육 대상은 신탁과 직접 또는 간접적으로 접점이 있는 전문가와 실무자들이다. 주요 대상은 다음과 같다.

- 금융권 종사자

보험설계사, 은행원, GA(독립법인대리점) 종사자 등은 신탁 상품을 설계·판매하면서 고객의 생애 설계, 상속 설계에 대한 전문성을 높여야 한다. 최근 '치매머니' 규모 증가와 맞물려 민간신탁 재산의 범위를 확대해야 한다는 요구가 제기되는 만큼, 금융권 종사자가 신탁의 원리와 실무를 숙지하는 것이 필수적이다.

- 법률·세무 전문가

변호사, 공증인, 회계사, 세무사는 신탁계약 체결과 운용 과정에서 법적·세무적 자문을 제공해야 한다. 특히 후견과 신탁제도의 전문성을 확보하고 이를 연계하는 체계가 요구되는 상황에서, 법률·세무 전문가가 신탁제도에 대한 이해를 넓히는 것이 중요하다.

- 사회복지사 및 의료·돌봄 종사자

노인복지관, 치매안심센터, 요양시설 종사자는 고령자와 장애인의 재산을 보호하고 생활지원 서비스를 연계하기 위해 신탁을 이해해야 한다. 한국공공복지신탁연구원과 한국노인종합복지관협회가 고령자 대상 공공복지신탁 보급을 위한 협약을 체결하여 현장 종사자 교육을 추진하기로 한 사례는, 사회복지사와 의료·돌봄 종사자를 위한 신탁교육의 필요성을 보여준다.

• 부동산 · 건설 · 자산운용 분야 전문가

고령자 주거시설, 요양시설, 공유주거 등 부동산 개발사업에서 신탁을 활용한 자금조달 및 자산관리 모델이 늘고 있다. 신탁을 통해 개발사업비를 조달하고 운영수익을 분배하는 구조를 이해함으로써, 안정적인 개발사업을 설계할 수 있다.

• 일반 시민 및 고령자 가족

초고령사회가 본격화되면서 개인도 자신의 재산을 보호하고 상속 분쟁을 줄이기 위한 수단으로 신탁을 고려하게 된다. 유언대용신탁, 후견지원신탁, 반려동물신탁 등 다양한 형태의 신탁제도가 등장함에 따라, 일반 시민을 위한 교육 수요도 증가할 것으로 보인다.

교육 대상이 이처럼 다양하기 때문에, 신탁아카데미는 특정 직역의 전문지식만 전달하는 것이 아니라 다학제적(多學際的) 관점에서 종합적인 내용을 설계한다. 초고령사회의 노래와 인지취약 인구의 증가, 치매환자 자산관리 대책 등 사회적 변화는 신탁을 활용한 재산관리의 중요성을 크게 높이고 있으며, 이러한 변화에 대응하기 위해서는 금융 · 법률 · 세무 · 의료 · 복지 등 다양한 분야의 전문가들이 협력하여 신탁서비스를 제공할 수 있어야 한다.

교육 특징

신탁아카데미는 기존의 금융·법률 교육을 뛰어넘어 통합적이고 실천적인 교육 프로그램을 추구한다. 주요 특징은 다음과 같다.

• 다학제 통합 교육

신탁을 단순한 금융상품으로 보는 관점을 넘어, 법률·세무·복지·의료·부동산 등 다양한 영역과의 연계를 강조한다. 이는 금융위원회의 신탁업 혁신방안에서 비금융 서비스와의 결합을 통해 종합재산신탁을 활성화하겠다는 정책 방향과 일치한다. 교육 과정에서는 신탁계약의 법적 구조, 세무 이슈, 의료·돌봄 서비스 연계, 부동산 개발과 신탁의 결합 등 서로 다른 분야의 내용을 포괄적으로 다룬다.

• 온·오프라인 병행과 정규 커리큘럼

바쁜 현업 종사자를 위해 온라인 강의와 오프라인 실습을 병행한다. 오프라인에서는 현장 강의와 워크숍, 팀별 프로젝트 등을 통해 실무능력을 키우고, 온라인에서는 예·복습과 질의응답이 가능하도록 설계한다. 정규 과정으로서 일정 기간 동안 단계별로 구성된 커리큘럼을 제공하며, 짧은 집중 교육을 통해 핵심 역량을 빠르게 습득할 수 있다.

• 사례 연구와 현장 학습

교육 과정에는 실제 신탁 사례 연구와 현장 학습이 포함된다. 예를 들어 고령자 치매 자산을 관리하는 후견지원신탁, 장애인신탁, 반려동물신탁, 가업승계신탁, 기부신탁 등을 분석하고, 법원과 공공기관, 금융회사, 복지시설을 방문하여 현장을 체험한다. 한국공공복지신탁연구원과 한국노인종합복지관협회의 협약 사례처럼 현장 종사자 교육이 중요한 만큼, 현장 실습은 신탁아카데미의 핵심 요소이다.

• 국내외 동향 분석

디지털 자산과 AI 기술이 신탁 분야에 미칠 영향을 분석하고, 미국 · 일본 · 영국 등 해외의 선진 신탁제도와 비교하며 시사점을 찾는다. 해외에서는 반려동물신탁, 특수부양신탁, 공익신탁 등이 활성화되어 있으며, AI가 유언집행인 역할을 하는 실험도 진행되고 있다. 이러한 사례는 본서의 '2부. 신탁 트렌드 2026'에서 다루었다.

• 글로벌 인증 연계

교육 과정을 수료하면 신탁 코디네이터나 재택의료 PA(Personal Assistant)와 같은 민간 자격증 시험을 응시할 수 있도록 연계한다. 수료 요건은 국제적으로 통용되는 자격체계와 동일하게 교육시간 이수, 평가시험 통과, 사례 분석 보고서 제출 등을 기준으로 한다. 치매머니 관리 대책에서 민간신탁을 활성화하고 전문가 인력풀을 마련해야 한다는 요구가 있는 만큼, 전문성과 신뢰성을 갖춘 인력 양성이 중요하다.

교육 분류 및 단계별 커리큘럼

신탁아카데미의 커리큘럼은 기초 과정, 사례연구 과정, 실무 과정의 세 단계로 구성된다. 각 단계에서는 아래와 같은 교육 모듈을 제공한다.

구분	교육 모듈	내용
신탁 기초 과정	철학	신탁제도의 역사적 배경과 의의를 이해하고, 신탁이 사회적 연대와 자기결정권을 실현하는 도구임을 강조한다.
	법	신탁법과 관련 법령을 살펴보고, 위탁자 · 수탁자 · 수익자의 권리와 의무, 유언대용신탁의 법적 구조 등을 학습한다.
	웰다잉	웰다잉 관점에서 신탁이 죽음 이후에도 자기결정권을 보장하는 장치임을 이해한다. 반려동물신탁이나 추모신탁 등도 함께 다룬다.
	학계	학계에서 제시하는 신탁 이론과 연구 동향을 소개하고, 신탁을 활용한 공익사업 사례를 분석한다.
	시민사회	시민사회가 바라본 신탁의 역할과 개선점, 공공신탁 모델의 필요성을 논의한다.
	세무	신탁재산의 세무 처리, 상속 · 증여세 절감 방안, 장애인신탁의 세제 혜택 등을 학습한다.
	부동산	부동산 개발에서 신탁을 활용하는 방법과 부동산신탁의 장단점을 분석한다.
	글로벌	미국 · 일본 · 영국 등 해외 신탁제도의 특징과 규제 동향을 비교하고, AI와 디지털 자산 관련 신탁 사례를 소개한다.
	의료	의료 현장에서 필요한 신탁제도, 의료비 · 간병비 지출을 위한 신탁 운용 방법을 배운다.
	복지	장애인신탁, 치매신탁 등 복지 분야에서 신탁을 활용하는 법과 사회복지사의 역할을 살펴본다.
신탁 사례연구 과정	법	법원의 판례와 실제 분쟁 사례를 통해 신탁의 법적 쟁점을 분석하고 개선 방안을 모색한다.
	사회적 약자	인지취약자와 장애인을 위한 신탁 사례를 연구하며, 후견제도와 신탁의 결합을 통한 보호 모델을 설계한다.
	장례	장례 및 추모 관련 신탁 사례를 통해 사후 재산관리와 문화적 요소를 고려한 신탁 설계 방법을 배우고 개선점을 논의한다.

	지역사회 (기부)	기부신탁과 공익신탁 사례를 연구하여 지역사회 발전과 유산기부 선순환을 촉진하는 방안을 모색한다.
신탁 실무 과정	신탁 통합 서비스 현황	금융, 법률, 복지, 의료, 부동산을 아우르는 신탁 통합 서비스의 최신 현황을 소개한다. 공공복지신탁 보급을 위한 협력 사례도 분석한다.
	신탁 운영 실무	신탁계약 체결, 자산운용, 위험 관리, 컴플라이언스 등을 실습하고 사례 기반 문제 해결 능력을 기른다.
	신탁의 현황과 미래	신탁 산업의 발전 방향과 디지털 전환, AI 신탁관리인의 등장 가능성 등을 논의하며, 교육생들이 자신의 비전과 사업 계획을 발표한다.

이와 같은 단계별 커리큘럼을 통해 수강생들은 이론적 기초부터 실제 응용까지 체계적으로 학습할 수 있다. 특히 사례연구 과정에서는 후견과 신탁 · 돌봄을 유기적으로 연계하는 제도적 개선 필요성을 강조한 정책 제안을 바탕으로, 사회적 약자를 보호하는 혁신적 모델을 설계한다.

예시 커리큘럼(9주 단기 집중과정)

아래는 신탁아카데미의 9주 단기 집중과정을 예시로 제시한 것이다. 각 주차는 두 개의 강좌로 구성되며, 한 강좌는 약 60분이다. 강의 일정과 내용은 기관의 사정에 따라 조정될 수 있다.

주차	강좌	주제	내용(예시)	강사(예시)
1주차	1	오리엔테이션 및 신탁의 역할	초고령사회에서의 신탁의 중요성을 소개하고 교육과정 전반을 안내한다.	신탁 연구소장
	2	신탁의 역사와 철학	신탁제도의 역사적 발전과 철학적 의미를 다루며, 신탁이 자기결정권을 실현하는 장치임을 설명한다.	법학 교수
2주차	3	신탁법과 유언대용신탁	신탁법의 기본 구조와 유언을 대신하는 유언대용신탁의 사례를 설명한다.	변호사
	4	세무와 신탁	신탁재산의 세무 처리, 상속·증여세 절감 방안, 장애인신탁의 세제 혜택 등을 실무 사례를 통해 학습한다.	세무사
3주차	5	복지신탁과 사회적 약자 보호	장애인신탁, 치매신탁 등 사회적 약자를 위한 신탁 사례를 연구하고, 후견·신탁·돌봄을 연계한 모델을 설계한다.	사회복지사 & 변호사
	6	웰다잉과 추모신탁	웰다잉 관점에서의 신탁, 장례·추모 관련 신탁 사례를 통해 죽음 이후의 재산관리와 자기결정권 보장을 논의한다.	웰다잉 전문가
4주차	7	부동산신탁과 개발사업	부동산 개발에서 신탁을 활용하는 구조와 법적 이슈를 학습하고, 자산 운용 전략을 모색한다.	부동산신탁 전문가
	8	글로벌 신탁제도 비교	미국, 일본, 영국 등 해외의 신탁제도와 공익신탁 사례를 비교·분석하여 한국형 신탁제도 발전 방향을 모색한다.	국제정책 연구원

5주차	9	현장 스터디 1 (금융기관)	은행 · 신탁회사 · 공공신탁 법인을 방문하여 신탁 상품 판매 및 운영 실무를 체험한다.	현장 멘토
	10	의료 · 돌봄 연계 신탁	의료비와 간병비 지출을 위한 신탁 운용, 재택의료 PA 제도와 신탁의 연계 가능성을 토론한다.	재택의료 전문가
6주차	11	가업승계신탁 사례 연구	중소기업 가업승계 과정에서 신탁을 활용한 지분 관리와 분쟁 예방 사례를 분석한다.	가업승계 전문가
	12	기부신탁과 지역사회	기부신탁의 구조와 장학 · 복지재단 사례를 살펴보고, 지역사회 선순환을 위한 기부신탁 설계를 논의한다.	공익신탁 전문가
7주차	13	현장 스터디 2 (복지시설)	장애인복지시설이나 노인요양시설을 방문하여 신탁을 통한 생활지원 사례를 관찰한다.	복지기관 멘토
	14	후견과 신탁의 결합	임의후견과 신탁을 결합한 후견지원 신탁 설계를 실습하고, 후견 · 신탁 · 돌봄을 연계한 체계를 모색한다.	후견지원 전문가
8주차	15	디지털 자산과 AI 신탁	암호자산 및 AI 기술이 신탁제도에 미치는 영향을 분석하고, 디지털 자산 관리형 신탁의 미래를 전망한다.	핀테크 전문가
	16	해외 사례 연구	일본의 치매머니 프로그램, 미국의 반려동물신탁, 영국의 문화재 신탁 등 특수목적 신탁 사례를 연구한다.	해외사례 연구자
9주차	17	신탁 통합 서비스와 정책	공공복지신탁 보급 협약 사례와 정부의 신탁 정책을 분석하고, 신탁 통합 서비스의 현황과 과제를 정리한다.	정책 담당자
	18	종합 평가 및 미래 전망	수강생 발표와 피드백, 성취도 평가를 통해 학습 결과를 점검하고, 한국 신탁 시장의 미래와 개인별 실천 계획을 논의한다.	운영진

기대 효과와 추진 방향

신탁아카데미는 초고령사회와 디지털 전환이라는 시대적 과제에 대응하여 건전한 신탁 문화를 조성하는 것을 목표로 한다. 교육을 통해 참가자들은 다음과 같은 효과를 기대할 수 있다.

• 개인과 가족의 자기결정권 강화

웰다잉과 유언대용신탁, 후견지원신탁 등 자기결정권을 보장하는 신탁제도를 이해하여 재산관리와 상속 설계를 능동적으로 준비할 수 있다.

• 사회적 약자 지원

장애인 · 치매 환자 등 인지취약자의 재산을 보호하고 돌봄 서비스를 연계하는 신탁 모델을 개발하여 사회적 약자를 위한 안전망을 강화한다.

• 기관 간 협력체계 구축

공공복지신탁 협약 사례에서 볼 수 있듯이 노인복지관과 공공신탁 기관 간 협력이 확대되고 있으며, 신탁아카데미는 금융기관, 법률기관, 복지기관, 의료기관이 협업하는 네트워크 구축을 지원한다.

• 경제적 지속가능성 확보

금융위원회의 신탁업 혁신방안처럼 종합재산신탁과 비금융 서비스의 결합을 통해 고령화 대응형 신탁 상품을 개발하면, 개인과 공공기관 모두에게 안정적인 재정 기반을 제공할 수 있다.

앞으로 신탁아카데미는 국내외 신탁제도 연구 결과와 정책 변화에 맞추어 커리큘럼을 지속적으로 업데이트하고, 온라인 자료와 사례집을 제공하여 실무자들이 현장에서 바로 활용할 수 있도록 지원할 것이다. 공공신탁과 민간신탁이 상호 보완적으로 활성화되고, 돌봄 · 의료 · 후견 서비스와 신탁이 유기적으로 연계되는 한국형 모델을 정립하는 데 기여하는 것이 궁극적인 목표이다.

참고문헌

단행본

- 소순무 외 5명(2024), 2024 조세소송, 영화조세통람(조세통람).
- 신관식(2025), 2025 내 재산을 물려줄 때 재산승계신탁, 삼일인포마인.
- 원혜영(2024), 마지막 이기적 결정, 영림카디널.
- 최학희(2025), 시니어 트렌드 2026, 시대인.
- 홍종석(2025), 치매는 처음이지?, 디멘시아북스.
- Dominique Shelton Leipzig(2024), Trust.: Responsible AI, Innovation, Privacy and Data Leadership, Forbes Books.
- Jean-Marc Tirard(2020), The Global Guide to Trusts, Second Edition, Academy & Finance.

논문 및 보도자료

- 문화유산국민신탁, 문화유산국민신탁 법령 및 연혁, 2007-2024.
- The Choi Law Group 칼럼, 신탁(Trust)과 유언장(Will)은 어떤 차이가 있으며 신탁을 준비하면 유언장이 필요한가요?, 2024.
- Social Coordinator, 공익신탁 운영 현황(일본 · 미국), 2022.

보도기사

- 세계일보, 편의성 · 세제 혜택…선진국선 이미 '상속신탁' 활발, 2024.07.25.
- 이데일리, 1인 가구 시대, 유언장 작성보단 자기신탁으로, 2025.08.03.
- 이데일리, "보험사가 치매 서포터로...설계사 중심 신탁전문가 양성", 2025.06.26.
- 한국경제, "돈이 피보다 진한 시대"…유언대용신탁 주목해야 하는 이유, 2025.12.01.
- YTN, "무심한 자식 줄 바엔"…반려동물에 유산 남기는 부자들, 2024.08.21.
- YTN, 치매 머니 '원조'…일본의 대책은?, 2025.05.07.

해외자료

- Bryn Mawr Trust Wealth Management, A Comprehensive Guide to Trust Asset Management, 2024.04.19.
- Digital Age Lawyers, AI Executors in Estate Planning: The Future of Managing Your Digital Legacy, 2024.11.24.
- Investopedia, Charitable Remainder Trust: Definition, How It Works, and Types, 2024.11.26.
- IQ–EQ, Succession Planning: A Global Guide to Trusts and Foundations for Family Office, 2025.06.
- Nicole Gillespie 외, Trust, Attitudes and Use of Artificial Intelligence: A Global Study 2025, University of Melbourne & KPMG International, 2025.
- Saleh Afroogh 외 4명, Trust in AI: Progress, Challenges, and Future Directions, Humanities and Social Sciences Communications, 2024.11.18.
- Schwartsman Law Group, Breaking Down a Trust Agreement: The 5 Essential Parts, 2025.02.03.
- Special Needs Alliance, What Can a Special Needs Trust Pay For?, 2024.04.16.

좋은 책을 만드는 길, 독자님과 함께하겠습니다.

현명한 사람은 왜 신탁을 선택할까?

초판발행	2026년 04월 15일 (인쇄 2026년 01월 23일)
발행인	박영일
책임편집	이해욱
저자	최학희 · 김수연
편집진행	한주승 · 최은서
표지디자인	현수빈
편집디자인	임이람 김휘주
발행처	시대인
공급처	(주)시대고시기획
출판등록	제 10-1521호
주소	서울시 마포구 큰우물로 75 [도화동 538 성지 B/D] 9F
전화	1600-3600
팩스	02-701-8823
홈페이지	www.sdedu.co.kr

ISBN	979-11-434-0593-7 (03190)
정가	20,000원

'시대인'은 종합교육그룹 '(주)시대고시기획 · 시대교육'의 단행본 브랜드입니다.

시대인의

교육 · 자기계발 분야 추천 도서

❶ 시키지 마라, 하게 하라

일은 귀하게 주고 귀하게 거두는 것이다.

박혁종 저 | 344쪽 | 17,000원

❷ 최저점 바닥 매매 비법

초보자 및 직장인을 위한 비법 공개

전원 저 | 200쪽 | 22,000원

❸ 코인 리셋

비트코인, 알트코인, 스테이블코인이 이룰 금융 시스템의 대전환

남광택 저 | 256쪽 | 18,000원

※ 도서 세부 구성 및 이미지는 변경될 수 있습니다.